SOZINHA MUNDO AFORA

CIP-BRASIL. CATALOGAÇÃO NA FONTE
SINDICATO NACIONAL DOS EDITORES DE LIVROS, RJ

C21s

Campos, Mari, 1976-
   Sozinha mundo afora : dicas para sair pelo mundo em sua própria companhia / Mari Campos. - Campinas, SP : Verus, 2011.
   il. ; 21 cm

   ISBN 978-85-7686-154-6

   1. Mulheres - viagens - guias. 2. Viagens - guias. 3. Mulheres viajantes - guias. I. Título.

11-5536   CDD: 910.4082
                                                  CDU: 910.4-055.2

MARI CAMPOS

SOZINHA MUNDO AFORA

Dicas para sair pelo mundo em sua própria companhia

1ª edição

Grupo Editorial Record

Editora
Raïssa Castro

Coordenadora Editorial
Ana Paula Gomes

Copidesque
Anna Carolina G. de Souza

Revisão
Ana Paula Gomes

Projeto Gráfico
André S. Tavares da Silva

Ilustrações de Capa e Miolo
Silvia Falqueto

Copyright © Verus Editora, 2011

Direitos reservados em língua portuguesa, no Brasil, por Verus Editora. Nenhuma parte desta obra pode ser reproduzida ou transmitida por qualquer forma e/ou quaisquer meios (eletrônico ou mecânico, incluindo fotocópia e gravação) ou arquivada em qualquer sistema ou banco de dados sem permissão escrita da editora.

VERUS EDITORA LTDA.
Rua Benedicto Aristides Ribeiro, 55
Jd. Santa Genebra II - 13084-753
Campinas/SP - Brasil
Fone/Fax: (19) 3249-0001
www.veruseditora.com.br

GRUPO EDITORIAL RECORD
www.record.com.br

Eu viajo muito. Detesto quando a minha vida é posta de cabeça para baixo pela rotina.

— Caskie Stinnett

A todas as mulheres viajantes que compartilharam comigo causos, ideias, dicas e experiências ao longo desses anos de estrada e, assim, me ajudaram a viajar mais e melhor – e a escrever este livro.

SUMÁRIO

Introdução 9

1. Por que sozinha?.. 11
2. Como, quando e onde? 21
3. A mala 27
4. Comer sozinha.. 33
5. Sair sozinha... 39
6. O quesito segurança 45
7. A trabalho ou a estudo 53
8. Tirando um período sabático............................... 61
9. Lidando com "os outros" 69
10. Comunicando-se... 79
11. Desfazendo mitos 85
12. Conselhos rápidos.. 89
13. Bônus: O que fazer se.. 95
14. Recapitulando.. 101

Viajando sozinha na internet.................................... 105

Mulheres viajantes 107

INTRODUÇÃO

Viajar sozinha é uma arte. Mas, que fique bem claro, uma arte ao alcance de qualquer mulher, tenha ela 18 ou 80 anos, seja tímida ou extrovertida, casada, solteira, separada ou mãe. O segredo é o seguinte: se deixar levar. Claro que, sobretudo com a idade, algumas limitações físicas podem aparecer, e com isso aumentam os receios, mas viajar sozinha é uma experiência a ser vivenciada e repetida, sem contraindicações, em qualquer estágio da vida. E é por isso que há cada vez mais mulheres sozinhas, de menininhas a vovozinhas, dando seus pulinhos mundo afora.

Eu não comecei cedo, não. Viajei sozinha, soziiiinha mesmo, pela primeira vez já chegando aos 30 anos e com muitos carimbos no passaporte. Tive o conforto de só começar a viajar sozinha depois que já tinha viajado muito acompanhada. Mas a primeira viagem solo foi por iniciativa própria, não por falta de companhia – deixei meu marido por uns dias em casa e fui ver qual era a de sair sozinha por aí. Fui pertinho, até Buenos Aires, para começar devagar, como eu sempre sugiro. E adorei. Tanto que viajei sozinha muitas e muitas vezes depois, por escolha minha, independentemente de continuar casada ou não.

Calma lá: não estou dizendo que viajar acompanhada é ruim ou pior do que viajar sozinha, hein? São duas experiências igualmente boas, mas completamente diferentes. Mas posso garantir, por experiência própria, que poucas sensações são tão gostosas como a liberdade de saber que os micos, erros e acertos dos próximos dias estão inteiramente sob sua responsabilidade, de saber que, entre uma coisa e outra, você vai conhecer muita gente interessante. Até o medinho de estar sozinha é excitante. Você acorda a hora que quer, come o que dá na telha e decide os rumos do seu dia. Se o astral mudar, você pode, no meio do dia, alterar *todos* os planos sem ter que dar satisfação a ninguém. Ser, literalmente, dona de si mesma.

Se você nunca experimentou a arte de desbravar o mundo em sua própria companhia, espero que estas dicas possam ajudá-la e incentivar futuras aventuras.

Pronta para (re)começar? Bora lá.

1
POR QUE SOZINHA?

— Vou viajar.
 — Que legal! Pra onde?
 — China.
 — Uau! Com quem?
 — Sozinha.
 — Hã? Você vai pra China SOZINHA??
 — Sim, por quê?
 — "Por que" pergunto eu. Como você vai sozinha?
 — Ué, do mesmo jeito que iria se fosse acompanhada: de avião, depois transportes locais, essas coisas. Normal.
 — E você sabe mandarim?
 — Não. E ninguém que eu conheço sabe, então não faz diferença...
 — Mas você não tem medo? E se você se perder? E se acontecer alguma coisa? E se perder a carteira? E se, e se, e se...

Que mulher já não ouviu algo parecido ao declarar que está saindo em viagem sozinha? Mas quem já viajou sem companhia sabe de cor todas essas respostas e muitas outras: "Se eu me perder, pergunto para alguém, falando, desenhando ou fazendo mímica. Cair para fora do mundo eu não vou, então uma hora eu me acho". "'Acontecer alguma coisa' é vago, é melhor nem me preocupar com isso, e pode acontecer alguma coisa aqui na rua de casa." "Se eu perder a carteira, cancelo o cartão de crédito e espero chegar outro – e para isso também existe o velho truque de dinheirinhos e cartões 'espalhados' pelos bolsos."

Mas bacanas mesmo são as outras respostas que descobrimos ao viajar sozinhas. Descobrimos que somos poderosas, autossuficientes e, claro, simpáticas. Descobrimos, pela experiência, que em tudo dá-se um jeito, e que somos capazes sempre de encontrar as melhores soluções para os probleminhas do caminho. Descobrimos que a expressão "querer é poder" é verdadeira e cai como uma luva em nós. Descobrimos, ou melhor, sentimos o gosto bom da liberdade. E percebemos, finalmente, que somos uma ótima companhia de viagem!

Quem já experimentou pode afirmar: viajar sozinha eleva a autoestima, amplia horizontes, fortalece, aplaca os medos e economiza anos de terapia em matéria de autoconhecimento.

– C<small>ARLA</small>,
geóloga, 39 anos

"Mas por que você está viajando sozinha? Não tem medo? Não tinha ninguém que pudesse vir com você? Não é esquisito? Não fica muito caro? Como você faz na hora das refeições? Não se sente muito solitária? Como tem tanta coragem?"

Essas são apenas algumas das muitas perguntas que já ouvi e continuo ouvindo até hoje, toda vez que resolvo sair por aí desacompanhada. A maioria das pessoas parece não se conformar quando me perguntam: "Mas por que você está viajando sozinha?", e eu respondo: "Porque eu gosto". Tem gente que simplesmente não acredita, mas eu acho que existem momentos em que viajar bem acompanhada é uma maravilha, e há momentos em que é absolutamente *de-li-ci-o-so* desbravar o mundo em minha própria companhia.

A vida nos reserva muitas surpresas, de relacionamentos desfeitos a amigos ou familiares que simplesmente não têm grana ou disponibilidade para viajar com a gente. O que eu acho impressionante – e uma pena – é o fato de muitas mulheres ainda encararem negativamente a perspectiva de viajar sozinhas. Medo, insegurança, vergonha, tudo passa pela cabeça daquelas que não pensam nas vantagens: um banheiro só seu, horários a seu bel-prazer, nada de dar satisfações, burradas que ninguém vai testemunhar, descobertas que você mesma vai fazer etc.

É bobagem achar que coisas ruins acontecem com mais frequência a mulheres sozinhas que às acompanhadas. Ficamos mais expostas, é verdade, mas não é por isso que se pode dizer que uma mulher sozinha "atrai" mais o perigo. Não mesmo. Você pode viajar sozinha porque está sem namorado no momento, porque suas amigas não querem viajar para o mesmo lugar que você, porque ninguém na sua família pode tirar férias quando você pode, ou simplesmente porque você precisa arejar a cabeça, se afastar um pouco da rotina, do trabalho, do marido, dos filhos – e nada melhor do que uma viagem solo para isso. O fato é que ninguém, ninguém mesmo, tem *nada* a ver com os motivos que a levam a viajar sozinha. Para quem me pergunta por que eu viajo sozinha, sempre respondo: "Porque eu adoro a minha própria companhia!" E nenhuma pergunta capciosa costuma vir depois disso, ponto final.

A verdade é que em muitas partes do mundo todo tipo de mulher, e com os mais diferentes estilos, viaja só. De mochileiras a luxuosas, todas têm seu lugar no universo viajante, e é difícil encontrar uma que volte frustrada ou arrependida. Mulheres viajando sozinhas só ficam sozinhas se quiserem – e, acredite, a maioria quer, pelo menos na maior parte do tempo, para pensar na vida, vencer as próprias barreiras, curtir o mundo apenas com seus olhos. Mas basta um sorriso para quem sentou ao seu lado na praça, ou passou diante de você no bar, ou está próximo na fila do museu, para engatar um papo muitas vezes interessante.

São tantas mulheres viajando sozinhas – até mais que homens em muitos destinos – que as *single travelers* se reconhecem e fazem companhia umas às outras quando bate a solidão. Quem viaja sem companhia acaba interagindo com muito mais gente interessante, de todas as partes do mundo, do que quem viaja acompanhado, e muitas amizades que começam assim podem durar a vida toda.

Mulheres viajando sozinhas vira e mexe recebem tratamento especial, de assento no transporte coletivo a um mimo do *chef* porque está jantando sozinha. Perdi a conta de quantas vezes isso me aconteceu – atenção especial de comissários de bordo, *maîtres* e até do pessoal de assistência nos metrôs. É claro que não saio por aí anunciando aos quatro ventos, em uma terra estranha, que estou sozinha em um apartamento ou quarto de hotel. Ninguém precisa saber da minha vida, e precauções são sempre necessárias, como você vai ler mais adiante. Mas acho superválido aproveitar os pequenos upgrades que a *lonely trip* nos reserva.

Voltando ao começo da história, pode haver mil motivos diferentes para se viajar sozinha. Não ter companhia costuma ser o principal deles – afinal, sejamos francas, como é difícil encontrar alguém que realmente combine com a gente na hora de viajar! De repente, a irmã, a melhor amiga ou mesmo o marido ou namorado tem gostos e *timings* tão diferentes dos nossos que fica difícil aproveitar o passeio fazendo tantas concessões. Acontece e muito – eu mesma não topo viajar com algumas das minhas melhores amigas por termos gostos muito diferentes no que se refere a viagens. Então pode ser que o que motive uma viagem solo seja a simples falta de uma companhia adequada, o fim de um relacionamento, a vontade de passar um tempo fazendo um balanço pessoal... Diversos motivos diferentes.

Mas o que leva muitas mulheres a se recusar a viajar sozinhas é o medo do estigma de "ser solitária", de "não ter ninguém no mundo", de ser "um fracasso nos relacionamentos", como muitas leitoras já me segredaram usando essas mesmas expressões. O que é uma pena. Quando você viaja sozinha, encontra tantas, mas *tantas* outras mulheres na mesma situação que fica difícil acreditar que alguém ainda tenha esse tipo de preconceito bobo. Na verdade, até existem pessoas assim, mas esse tipo de gente viaja pouco, sejamos francas. O problema é que, em geral, esse preconceito está na cabeça da própria mulher que teme viajar sozinha, e não na dos outros (a psicologia diria que a gente vive impondo obstáculos para nós mesmas, não é?).

Claro que, em roteiros tradicionais de lua de mel, a gente pode chamar atenção no começo pelo fato de estar sozinha, mas depois isso pode até se tornar um benefício. Eu já encarei *by myself* o hotel mais romântico do México (e quiçá do mundo), o excelente Las Ventanas al Paraiso. Com tantos casaizinhos ao meu redor, não demorou muito para que eu me tornasse ponto de referência – *la chica brasileña*, ou, claro, *la chica solita* (argh!). Eu poderia me chatear – afinal, em ambientes assim, a gente pode mesmo sentir falta de uma boa companhia. Mas, pelo simples fato de estar sozinha, os funcionários me cobriam de mimos e atenção. Era *señorita Campos* pra cá, *señorita Campos* pra lá; eles cuidavam de mim 24 horas por dia. E, em vários momentos, com tantos outros hóspedes e funcionários legais ao meu redor, eu nem lembrei que estava desacompanhada.

Na minha opinião, a maior dificuldade que um viajante solitário enfrenta é o custo. Viajar sozinho sai caro, já que você banca integralmente a conta do restaurante, o aluguel do carro, o transfer para o aeroporto, o quarto de hotel. Ainda assim, dados da década passada da Associação Brasileira de Albergues da Juventude mostravam que, só no Brasil, mais de 80% das mulheres que se hospedaram nos estabelecimentos da rede viajavam sozinhas. E, no exterior, esse número é ainda mais expressivo, seja em albergues, hostais ou hotéis, afinal as mulheres começaram a viajar sozinhas lá fora bem antes que aqui.

Viajar sozinhas nos permite, com o perdão do clichê, conhecer um pouco mais de nós mesmas enquanto conhecemos o mundo – e do lugar que visitamos também. Afinal, trata-se em geral de uma *slow travel*, com tempo para ler um bom livro e oportunidades de sobra para conversar mais com os funcionários da pousada, com o garçom, com o *barman*, com aquela menina simpática da fila... Martha Gellhorn, escritora e uma das esposas de Ernest Hemingway, disse certa vez que não há nada melhor para a autoestima que a sobrevivência. É verdade. Eu, que sou medrosa até na minha própria casa, me descubro com uma coragem impressionante quando viajo sozinha. Sou absurdamente urbana, porém me revelo nas viagens, digamos, mais rústicas. Mas tem gente que sente o incômodo da solidão ao longo da viagem, e é preciso saber lidar com isso para não estragar o passeio.

Se a solidão parece um fantasma nas suas viagens, ir mais devagar é a chave do sucesso. De repente, investir em viagens "cada vez menos acompanhada" antes de sair por aí realmente desacompanhada. Você pode, por exemplo:

- Encarar um pacote. Você vai sozinha, mas não exatamente, afinal outras 45 pessoas estarão no seu grupo, fazendo passeios e refeições com você.
- Entrar na viagem da amiga, mesmo que o destino não seja o seu preferido – viajar com uma amiga é um excelente treino para viajar sozinha depois.

- Apostar em uma das várias empresas que se especializaram em *single travelers*, sejam homens ou mulheres, como a Terra Azul <www.terrazul.tur.br>. Elas montam pacotes e roteiros em que reúnem dezenas de viajantes desacompanhados para rodar o mundo. Além disso, muitas operadoras norte-americanas e a maioria das europeias também montam roteiros personalizados para viajantes solo.
- Hospedar-se em um albergue, ambiente por definição sempre repleto de pessoas diferentes entre si.
- Hospedar-se em um hotel que forneça e monte todos os passeios e sirva as refeições em mesas comunais, como os excelentes Tierra Atacama <www.tierraatacama.com> e Remota <www.remota.cl>, no Chile.
- Embarcar num cruzeiro. É impossível sentir uma ponta sequer de solidão no meio de, no mínimo, outros dois mil passageiros e zilhões de atividades de integração.
- Investir num curso de línguas no exterior, para viajar sozinha e ter diariamente a companhia de gente bacana do mundo inteiro. A cidade de Salamanca, na Espanha, é um destino perfeito – pequena, segura, barata e bastante agitada. Londres, Oxford, Barcelona e Florença também são boas opções.
- Apostar no ecoturismo. Passeios para turismo ecológico costumam promover tanto entrosamento entre os participantes que é difícil alguém se sentir solitário.

Enfim, viajar sem companhia não significa, necessariamente, estar sozinha. Tanto que, em inglês, o termo "lonely traveler" (viajante solitário) foi substituído há alguns anos por "solo traveler" (viajante solo) – afinal viajar sozinha é *muito* diferente de ser uma viajante solitária, já que podemos fazer amizades com facilidade ao longo da jornada, e companhias, ainda que esporádicas, inevitavelmente aparecerão. Mas viajar sozinha é um processo que pode acontecer de maneira totalmente diferente de uma pessoa para outra. Tem gente que ama logo de cara a primeira viagem solo, e tem gente que precisa de anos de tentativas para descobrir o prazer desse tipo de viagem.

Para "acelerar" seu processo:

- Defina-se como viajante independente ou solo. Como dito antes, "viajante solitária" é um termo carregado de preconceitos e estigmas.
- Faça antes um teste na sua própria cidade, encarando um passeio ou refeição sozinha, e perceba suas reações. É preciso se acostumar – embora seja mais fácil lidar com isso em uma cidade desconhecida do que em nossa zona de conforto.
- Imprevistos acontecem em igual proporção para viajantes independentes e acompanhados. Não se preocupe e aproveite cada momento da viagem.
- Esteja aberta ao outro, sempre. Conhecer gente é fundamental, viajando sozinha ou não.
- Compartilhe sua viagem mesmo não tendo ninguém a seu lado. Faça isso por meio de fotos, tuítes, *blog*, Facebook – tudo vale.

COM AMIGAS

Um grupo de mulheres viajando juntas não é, obrigatoriamente, sinônimo de mulheres fazendo compras, e conciliar datas, programas e gastos pode não ser tarefa fácil. Afinal, uma pode amar museus e outra amar *shoppings*, mas, juntas, amarem Paris. Encontrar um ponto de equilíbrio e entender que viajar com amigas não significa ter de ficar com elas 24 horas por dia é fundamental. Planejem bem, conversem bastante antes do embarque e sejam sempre muito francas umas com as outras, sem meias palavras, para garantir que a viagem não atrapalhe a amizade – poucas coisas podem ser piores que uma "*des*companhia" de viagem. E lembrem-se sempre dos conselhos de segurança, que são os mesmos para uma mulher viajando sozinha ou várias viajando juntas.

2
COMO, QUANDO E ONDE?

Eu tinha terminado a faculdade e sido efetivada na empresa em que fazia estágio. Mas, ao mesmo tempo, não tirava férias havia quatro anos. Existia todo um mundo lá fora que eu desconhecia. Então, bateu um desespero e eu resolvi que tinha de viajar. Por um ano, planejei tudo, detalhe por detalhe, e juntei dinheiro para fazer tudo à minha maneira, sem ter que depender de mais ninguém.

Ouvi pitacos de conhecidos, li textos de desconhecidos e defini meu plano: resolvi que queria um período sabático de viagens e estudo – ótima desculpa para mim mesma, então uma quase *workaholic*, para justificar o fato de deixar para trás um emprego de que gostava, mas que não me completava.

A rota passava pela França, pela Inglaterra e terminava na cidade espanhola de Salamanca, onde eu ficaria dois meses estudando. Esses dois meses acabaram se esticando até que fosse tempo suficiente para completar um curso de espanhol (e pouco depois garantir meu diploma de proficiência) e conhecer inúmeras outras cidades, países, culturas e línguas.

Aprendi a me virar sozinha e a conviver com as dores e delícias de ser a única responsável por minhas decisões. Eu tive as férias que precisava, conheci gente de todos os cantos do planeta, cresci. Depois de quase um ano de jornada, decidi voltar, retomei meu antigo trabalho e minha rotina. Mas não era suficiente. Então saí outra vez rumo ao Velho Continente e à minha querida Espanha, onde vivo há dois anos.

Hoje, olhando para trás, não mudaria nada do que fiz. Acho que comecei no momento certo, quando já tinha a possibilidade de arcar com os custos do meu sonho e estava madura o suficiente para fazer meus próprios planos, cuidar de mim mesma e desfrutar de minha própria companhia, mas com uma fome de mundo que me fez aproveitar cada instante. E isso independe da idade. Quando abrimos a porta que nos separa de conhecer um mundo diferente do nosso, não podemos mais fechá-la.

— BÁRBARA,
publicitária, 27 anos

Stephanie Griest, autora do livro *100 viagens que toda mulher precisa fazer*, já rodou o mundo sozinha e diz, entre várias outras coisas, que viajar só ao menos uma vez na vida é fundamental para o autoconhecimento.

Quando a gente viaja sozinha, todas as decisões – e despesas – são nossas. Quando ir, para onde ir, que meio de transporte utilizar, de qual companhia, em que hotel ficar, que museus visitar, em que restaurantes comer... Tudo isso são decisões extremamente pessoais e intransferíveis. Mas trocar ideias com outras viajantes solo e viajantes atentos em geral pode evitar roubadas – por isso, mais uma vez, a dica fundamental é pesquisar.

Assim como um viajante prestes a embarcar para a Índia em junho deve pesquisar o destino a tempo de saber que essa é a época das monções e por isso não é um período bacana para ir para lá, quem viaja sozinha também deve levar em consideração aspectos particulares dos destinos a ser visitados antes de encarar a aventura.

Tenha sempre em mente:

- **Estação:** uma estação chuvosa demais pode estragar o passeio. Tá certo que quem viaja sozinha quer curtir sua própria companhia, mas você teria uma *overdose* se passasse as férias trancada consigo mesma num quarto de hotel enquanto o mundo desaba lá fora, não é?
- **Situação política:** você não vai querer se enfiar num país em plena guerra civil, certo?
- **Níveis de segurança:** se viajar sozinha exige cuidado redobrado com esse quesito, não encare apenas como lenda lugares que não são suficientemente seguros para mulheres sem companhia masculina. Ou lugares em que o assédio às mulheres seja exacerbado, o que costuma acabar com o humor de qualquer uma.
- **Preços:** a menos que você só possa tirar férias nessas épocas, fuja da alta temporada, do feriado de Páscoa (*spring break*

no hemisfério norte), do nosso Carnaval e do Réveillon. Tradicionalmente, são períodos caros em praticamente todo canto. Em outras épocas do ano, os preços podem cair até 50%, e as filas nas atrações diminuem consideravelmente. A baixa temporada, quando famílias viajam pouco, costuma ser a época preferida pelos *solo travelers*.

- **Dia a dia local:** pesquise se, durante a época em que você pretende visitar o destino, vai acontecer alguma convenção ou festa local que possa lotar e encarecer demasiadamente os hotéis, e até se as atrações e lugares que pretende visitar estarão funcionando corretamente e não em reforma. Pesquisar horário comercial e de funcionamento dos bancos também é importante. Isso faz toda a diferença nas lembranças que você terá da viagem e em seu cotidiano por lá.

Mas, veja bem, isso não significa cair em estereótipos. Porque, quando a gente anuncia que vai sozinha para determinado lugar, tem sempre um pessimista da vida para jogar areia e dizer algo do tipo: "Nossa, mas você vai ter coragem de ir sozinha para um lugar romântico como esse?" Diga enfaticamente que sim, e ponto final.

Achei fenomenal uma viagem que fiz sozinha pela minha amada Paris, um dos destinos românticos por excelência. Paris é minha cidade do coração, independentemente de eu ter companhia para curti-la ou não, mas tenho amigas que dizem que jamais iriam sozinhas para lá.

Fiquei surpresa ao encontrar em Istambul, na Turquia, diversas mulheres viajando sozinhas, entre tantas outrais locais cobertas por burcas. De fato, eu voltava a pé tranquilamente todas as noites para o hotel, e meu único desconforto era na hora de engatar um papo com alguma dessas mulheres de face coberta. Já em Marrakech, mesmo que eu e minha irmã andássemos sem maquiagem e com roupas bem largas, chamávamos atenção por sermos muito brancas e estarmos sozinhas – mas umas alemãzinhas de *short* e regata chamaram *muito* mais atenção, claro.

O que quero dizer com tudo isso é que a decisão a respeito de onde, como e quando embarcar numa viagem solo é praticamente a mesma de quem viaja acompanhada – você deve pesquisar detalhes referentes a meteorologia, preços, filas nas atrações, feriados, manifestações políticas etc. Claro que uma mulher sozinha deve dar atenção especial a questões culturais, como não andar com os cabelos soltos ou usar roupas decotadas em países muçulmanos. Alguns países do Oriente Médio são muito rigorosos quando se trata de permitir a entrada de mulheres desacompanhadas no país, e tudo isso *deve* ser observado antes de se decidir por um destino. Mas, por favor, não deixe de visitar um lugar bacana porque ele carrega o estigma de romântico e você está desacompanhada. Apenas ignore esse tipo de coisa. Se você sonha em ir para a Grécia, vá. Pura e simplesmente.

Ainda assim, me atrevo a sugerir alguns destinos no Brasil e no mundo para aquelas mulheres que estão prestes a encarar sua primeira viagem solo e ainda têm receio de se sentir solitárias. Lugares nos quais você possa aproveitar suas merecidas férias, descansando e se divertindo muito e com segurança. No Brasil, bons destinos são Ouro Preto, Florianópolis, Rio de Janeiro e São Paulo, entre outros. São cidades bem estruturadas, com riqueza histórica, belezas naturais, vida cultural e sempre muito movimentadas – do tipo em que só fica sozinha quem quer. No exterior, sou fã confessa da agitada Salamanca, de Buenos Aires, Paris, Londres, Berlim e Barcelona, cidades absolutamente vibrantes, com visitantes do mundo todo e tanto para ver e fazer que é impossível não encontrar sua tribo, se assim você desejar.

3
A MALA

Viajar leve é um desafio e tanto para quem passou mais da metade da vida carregando a casa nas costas. E se fizer muito frio? E se chover? E se o sapato apertar? E se surgir um evento especial? E se eu precisar de...? Os "ses" sempre foram os responsáveis pelo conteúdo exagerado da minha mala, até que eu aprendi a dar valor a peças leves de fácil lavagem, de cores e modelos intercambiáveis e, inclusive, peças já usadas e muito confortáveis. Depois disso, o "se" deixou de ser uma incógnita, e na minha mala de hoje, muito mais leve, tem tudo que preciso: roupa para usar na praia, para jantar, para sair, para caminhar na cidade...

No fundo, viajar leve é mais que um desafio para o viajante – é uma arte na qual vamos nos aprimorando a cada embarque, testando e adequando. Dá trabalho e não existe fórmula perfeita: é preciso sempre pensar, testar, imaginar, lidar com probabilidades, como uma mudança brusca no tempo. Mas hoje já sou capaz de viajar sem despachar bagagem, apenas com a mala de mão, até para a primavera nova-iorquina, como fiz no ano passado. Considero isso uma vitória pessoal, e aprendi que, no quesito bagagem, um é melhor que dois sempre!

— SYLVIA,
maníaca por viagens

Eis um tema delicadíssimo para mulheres que viajam sozinhas. Noto que minhas leitoras e amigas se preocupam muito mais com esse assunto do que com o quesito segurança, por exemplo. Assim como 99% das mulheres do mundo, eu também, mesmo já tendo viajado tanto, sempre acabo levando mais itens do que precisaria numa viagem. Mas uma coisa é levar duas blusinhas a mais; outra bem diferente é carregar sapatos, calças, bolsas e casacos que acabarão nem sendo tirados da mala, ou serão usados uma única vez, mas vão pesar a viagem inteirinha.

Quem viaja sozinha precisa lembrar que terá que carregar suas malas sozinha. Não fique esperando um príncipe encantado que vai subir e descer escadas com elas. Sua bagagem é de sua inteira e total responsabilidade, o tempo todo. Por isso, quanto menores, mais leves e eficientes suas malas, mais fácil será para você, em todos os aspectos. Na hora de arrumar as malas, além do quesito peso, leve em consideração o seguinte:

- **Secagem:** roupas de secagem rápida facilitam a vida se você resolver lavar uma ou outra peça no banheiro do hotel.

- **Tecidos:** procure levar roupas que não amassam muito. Ninguém quer perder tempo numa viagem passando roupa, não é? Quanto menos fáceis de amassar forem suas roupas, maiores as chances de estarem perfeitinhas ao sair da mala. E, para minimizar vincos e amassadinhos do transporte, deixe a peça em um cabide dentro do banheiro na hora do banho – o vapor da água quente dá um belo efeito de roupa passada. Levar as roupas enroladas dentro da mala também ajuda a minimizar amassados, sem mencionar que poupa muito espaço na hora de acomodá-las.
- **Compatibilidade:** procure levar peças de cores neutras que combinem entre si, para garantir uma bagagem diminuta. Opte por itens confortáveis e de boa qualidade – a não ser que queira se desfazer deles ao longo da viagem, para colocar no espaço disponível novas roupas, compradas *in loco*, o que muita mulher costuma fazer.
- **Criatividade:** leve vários acessórios, de cores, formatos e texturas diferentes – mudando o cachecol, o lenço, o cinto ou mesmo com um belo colar, você consegue mudar o visual (ótima saída para quem não quer "sair com a mesma roupa em todas as fotos"). E, não importa a estação do ano, um casaquinho e um biquíni são itens obrigatórios.
- **Conforto:** necessário para as roupas, como dito anteriormente, e *obrigatório* para os calçados. Quando a gente viaja, ainda que sobre dinheiro para gastar com táxis ou que o transporte público local seja eficiente, andar bastante é um grande prazer e a melhor receita para conhecer bem a cidade. Mas isso só é possível com calçados confortáveis, que

não machuquem nem causem bolhas. Se você é do meu time e não curte tênis fora das trilhas ecológicas e da academia, abuse de rasteirinhas, sapatilhas e botas sem salto na hora de explorar seu destino. No verão, aposte nas Havaianas e em outros chinelos do gênero, que fazem o maior sucesso fora do Brasil.

- **Bom-senso:** também no quesito vestuário, respeite a cultura dos locais que visitar. Pesquise antes, leia, converse com quem já foi. Em países muçulmanos, por exemplo, evite andar com os cabelos soltos e procure usar roupas discretas – nada muito justo, curto ou decotado. Se você é visita, independentemente de concordar ou não, respeite o modo de pensar e viver de seus anfitriões.

Também é importante levar em consideração que, além de roupas, sapatos e acessórios, o peso da mala aumenta consideravelmente com *nécessaires*, *gadgets* e guias. Se o *notebook* não é fundamental para você, contente-se com seu *smartphone* para se manter conectada durante a viagem – isso poupa muito espaço e peso na mala, mesmo se seu computador for um *netbook*.

Não exagere no tamanho do frasco de xampu e de condicionador – leve os produtos em embalagens e quantidades apropriadas para o período que vai passar fora de casa, assim você pode até jogá-las fora antes de voltar. As miniaturas distribuídas pelos próprios hotéis, quando de boa qualidade, são excelentes para isso.

Boa solução também pode ser tirar fotocópias ou escanear e imprimir apenas as páginas que interessam dos guias e ir descartando-as ao longo da viagem, conforme vão perdendo a utilidade – se você já deixou determinada cidade, não precisa mais das páginas que se referem a ela. E lembre-se sempre dos cadeados, fundamentais para proteger seus objetos de valor no hotel enquanto você passeia.

Levar tudo separadinho em embalagens de tecido, fronhas ou capas de almofada com zíper facilita muito tanto a arrumação na ida quanto o momento de desfazer a mala no hotel e arrumá-la novamente antes de voltar. Um saquinho para *lingerie*, sacos para sapatos e acessórios, um pequenininho para as bijuterias, um para roupa limpa, outro para suja, outro ainda para roupa úmida... Assim fica fácil encontrar tudo quando você chega ao hotel, e desarrumar as malas na volta se torna super-rápido e eficiente. E se você é do tipo consumista e vai para um destino do qual é permitido voltar ao Brasil com dois volumes de 32 quilos (EUA e Europa, por exemplo), viaje com uma mala rígida, mas leve uma mala do tipo sacola para trazer as comprinhas na volta – a menos, é claro, que você queira comprar uma mala nova em seu destino.

Uma dica inteligente? Dê uma de George Clooney em *Amor sem escalas* e viaje apenas com o essencial numa mala de bordo. Acredite: para viagens de até dez dias, é suficiente. Você pode levar miniaturas dos itens de seu *nécessaire* e roupas básicas e confortáveis, que combinem entre si; o casacão, se for inverno, vai no corpo ou na mão; dois calçados, porque o terceiro já vai no pé – sobra espaço para os acessórios que farão a diferença e ainda cabe uma mala vazia do tipo sacola, dobradinha. Viajando apenas com a mala de bordo, você economiza tempo no check-in (pode ir direto para as máquinas de check-in automático, sem encarar as filas para despachar bagagem), não perde tempo esperando a infinidade que as malas demoram para chegar até a esteira no desembarque e ainda pode economizar no táxi até o hotel – afinal, com um volumezinho de nada, não há problema algum em tomar o metrô ou caminhar umas quadras, certo? Assim, você evita voltar para casa com roupas que não usou e escapa da culpa na hora de comprar roupas, cosméticos e afins no destino visitado (na volta, a mala que foi dobrada pode voltar cheia, sem remorso).

4
COMER SOZINHA

Comer sozinha não é algo que se possa chamar de prazeroso, ainda mais no começo. É como terminar um relacionamento: a princípio incomoda, mas um belo dia você nem lembra mais por que aquilo incomodava tanto.

Na primeira vez em que comi sozinha numa viagem, eu mal consegui engolir a comida: na minha cabeça, todo mundo me olhava, tinha dó de mim, tinha pena. Foram algumas das garfadas mais difíceis, literalmente, de engolir.

Mas, depois de quatro viagens e algumas refeições sozinha no currículo, hoje posso dizer que eu não me incomodo com isso. Para mim, comer é um grande prazer e parte da viagem. Procuro não escolher restaurantes românticos por princípio, mas faço refeições de verdade, à mesa, no almoço e no jantar. Só abro mão se for por um bom e caprichado piquenique. E, além de ter o prazer de uma boa refeição, me divirto muito observando as pessoas ao meu redor. Sem incômodo nenhum.

— Ana Luísa,
mestranda em artes, 24 anos

Tem muita viajante independente por aí cheia de experiência, mas que parece marinheira de primeira viagem quando o tema é comer sozinha. Não adianta: o preconceito em relação a uma mulher jantando sozinha em um restaurante ainda é grande em nossa própria cabeça – é a gente que acha que está todo mundo olhando, reparando, com dó. Que nada. Em muitos lugares, mulheres fazendo suas refeições sozinhas virou algo tão corriqueiro que o povo nem se importa, mas convencer disso quem viaja sozinha pela primeira vez é difícil.

Eu também me senti o centro das atenções – equivocadamente, é claro – quando encarei pela primeira vez uma mesa de restaurante sem mais ninguém. Eu estava em Buenos Aires, na minha primeira viagem efetivamente sozinha. Na primeira noite, encarei um *show* de tango. Ao chegar lá, minha mesa era numa área um pouquinho superior, como uma espécie de mezanino. E me colocaram bem no centro, de cara para o palco. Enquanto o jantar era servido, enfiei na cabeça que estava todo mundo me olhando. E talvez até estivesse, afinal é raro, muito raro, encontrar *solo travelers* em eventos como esse. Fiquei tensa e, confesso, senti um baita alívio quando o jantar terminou, as luzes se apagaram e o *show* começou.

Mas aprendi rapidinho a regra básica do *solo dining*: se alguém olhar repetidamente para você, retribua com um sorriso confiante. Os olhares cessam instantaneamente (a menos que seja um flerte, mas aí já é história para outro capítulo). Tanto que hoje, zilhões de *solo trips* depois, saio para jantar sozinha numa boa, mesmo nos mais estrelados restaurantes. O que eu acho engraçado é que, se for na hora do almoço, a maioria das mulheres não se preocupa com isso. Há sempre tanta gente almoçando sozinha, entre executivos, locais e visitantes, que não há estranheza. Ou às vezes estamos tão entretidas com o passeio que comemos apenas um lanche rápido, ou aproveitamos o lindo dia para fazer um belo piquenique ao ar livre com nossos petiscos prediletos. Mas à noite é outra história.

Bobagem. Tire da cabeça qualquer preconceito que a faça pensar numa *solo diner* como uma cidadã de segunda classe, que não tem os mesmos direitos de qualquer outro mortal que sai para jantar, só porque está indo em sua própria companhia. Quando você sai com uma turma grande, não se sente esquisita por ter uma cadeira vazia naquela mesa enorme que divide com os amigos, certo? Então, por que diabos deveria se sentir mal quando a cadeira à sua frente está sem ninguém ao comer desacompanhada em uma mesinha? Como eu disse, é bobagem mesmo.

Se você ainda tem receios, aconselho:

- Aproveite o fato de estar sem companhia para apreciar a refeição ao máximo, seja pela comida, pelo ambiente, pelo momento de descanso no meio do passeio ou depois de um dia agitado, seja numa viagem de negócios ou de lazer.

- Pedir uma bebida ajuda a descontrair e aproveitar melhor. Afinal, um belo prato pede mesmo um bom vinho – mas nada de exageros, pois não haverá ninguém para tomar conta de você, hein? E, pelo amor de Deus, não me venha com aquela história de que vinho não se bebe sozinha!
- Aproveite a atenção redobrada que os *maîtres* costumam dispensar a mulheres viajando sozinhas. Não é raro receber um *amuse-bouche* ou uma taça de vinho como cortesia, sobretudo no jantar. (Especialistas dizem que *solo diners* costumam ser ótimas clientes e voltam com frequência aos mesmos restaurantes.)
- Abuse da autoindulgência. Já que você caminhou o dia todo, uma maneira perfeita de encerrar o dia é uma bela sobremesa no fim do jantar, não? A filosofia do "eu mereço" é mais válida do que nunca quando viajamos sozinhas.

Mas se ainda assim você se sente muito desconfortável jantando sozinha, não aja contra a sua vontade. Há vários subterfúgios que podem ser aplicados nesse caso:

- Jante em lugares com mesas comunais, cada vez mais frequentes, ou aposte sem medo nos balcões – vira e mexe aparece uma boa companhia para papear enquanto você come. As *chef corners* oferecidas por alguns restaurantes também são uma ótima opção – você aproveita ainda mais a refeição vendo o prato ser preparado na sua frente, e ainda pode aprender a receita para repetir em casa depois.
- Desfrute da companhia de um bom livro, revista ou jornal enquanto faz sua refeição. Ou faça anotações sobre a viagem

em seu caderninho – não há nenhuma regra de etiqueta contra isso, eu garanto. Você pode até se divertir fotografando seus próprios pratos – os *food paparazzi* estão na moda no mundo inteiro.

- *Hot spots*, lugares da moda, são uma ótima opção para observar as pessoas e engatar um papo com moradores locais. Cheque nas revistas locais, do estilo *Time Out*, os melhores lugares para isso. É facílimo se enturmar em locais desse tipo – e dá para sair à francesa numa boa se o papo não estiver legal.
- Sente falta de um bom papo durante a refeição, de contar o que viu, como foi seu dia? Seus problemas acabaram! Hoje em dia, a maioria dos restaurantes conta com internet *wi-fi* – você pode levar seu *smartphone* e bater um superpapo com amigos e familiares durante o jantar, via MSN, por exemplo. Só verifique antes se a bateria do telefone está carregada, para não ficar na mão no meio da conversa.

Por fim, se ainda assim achar muito penoso sair sozinha para jantar numa cidade estranha (acredite: para muita gente, é mais fácil jantar fora viajando do que na própria cidade), opte por um café. Cafés são, por excelência, a zona de conforto das *solo travelers* mais receosas, pois, com o grande fluxo de gente entrando e saindo, o *people watching* fica divertidíssimo e bons papos podem acontecer se você estiver a fim de companhia. Comer um sanduíche ou uma torta nesse tipo de ambiente, bem informal, tira o "peso", o *status* de jantar. E dá até para levar o computador e aproveitar para baixar as fotos do dia, usar a rede *wi-fi* do local para colocar a conversa em dia com os amigos, pesquisar atrações para o dia seguinte etc. Ou simplesmente aproveitar o ambiente e a refeição rápida para ler um livro ou uma revista.

Ou, ainda, se jantar fora sozinha for mesmo um *grande* tabu para você, não vá contra sua natureza. Faça o seguinte: almoce em um restaurante bem legal, com seu prato preferido, ambiente bacana, refeição demorada, tudo a que tem direito e, antes de voltar para o hotel no fim do dia, passe numa padaria ou mercadinho próximo (sempre há um tentador, garanto), compre delícias locais (queijos, pães, frios e o que mais der na telha!) e jante confortavelmente em seu próprio quarto de hotel – com direito a um bom vinho para acompanhar, claro. *Enjoy!*

5
SAIR SOZINHA

A cena é um clichezão de filme americano: ele encosta no balcão, pede um drinque, fica de olho no movimento e eventualmente puxa papo com alguém ou com o garçom. Parece até que ele nasceu ali, seguro, tranquilo, praticamente em casa. Em contrapartida, a mulher que aparece sozinha no bar está sempre envolta numa aura de mistério: é a vilã, a *femme fatale*, a maluca do bairro, a suicida ou a *serial killer*, jamais uma menina qualquer que resolveu sair sozinha apenas para se divertir.

A arte imita a vida. Já queimamos sutiãs, conquistamos independência e igualdade em muitos campos e descobrimos que transar sem compromisso também pode ser bom. Mas, definitivamente, ainda não aprendemos a sair sozinhas à noite sem pelo menos uma pontinha de angústia.

Por que é tão difícil? Por causa de toda uma bagagem cultural e, principalmente, por medo (que pode até ser inconsciente) do que os outros possam pensar. Num universo em que o machismo balança, mas não cai, o fato de uma mulher sair sozinha à noite ainda pode provocar inúmeras interpretações distorcidas – isso é arcaico, porém real.

Minha primeira viagem à Europa, de mochila nas costas, foi uma empreitada solo. E, para minha surpresa, a companhia exclusiva de mim mesma foi a melhor coisa da viagem. Depois de vários anos de namoro, recém-terminado, o que eu mais queria era sair sem avisar ninguém.

Aprendi a almoçar, jantar, dormir, passear e estar sozinha. Badalar, confesso, foi o mais difícil, mas fui em frente. E rolaram noites incríveis em Barcelona, Londres, Veneza, Florença e até em Ibiza. Na Europa, onde se preocupar com a vida alheia já ficou *démodé* há tempos, é muito mais fácil, e ali acabou se tornando um ótimo lugar para exercitar a capacidade de se divertir sozinha.

Mas, ainda assim, às vezes é preciso lutar contra um constrangimento que insiste em incomodar, mesmo que ninguém ao seu redor esteja minimamente preocupado ou julgando o fato de você não ter companhia naquele momento. Para evitar os instantes de desconforto, adotei algumas táticas eficientes: não chegar muito cedo – se a pista ainda estiver vazia e o ambiente cheio de rodinhas isoladas, as chances de se sentir um peixe fora d'água aumentam – e não exagerar no álcool na esperança de "se soltar".

– ADRIANA,
jornalista, 35 anos

Se jantar sozinha é um baita obstáculo para algumas viajantes independentes, sair sozinha para um bar, festa ou balada pode se revelar uma barreira intransponível. Acredite: a barreira está em sair sozinha pela primeira vez. Como eu sempre digo, a ideia do desconforto é sempre muito maior que o desconforto em si.

Antes da primeira saída solo, é normal se encher de medo e de perguntinhas do tipo: "O que vão pensar de mim? E se eu não me enturmar? E se acontecer alguma coisa?" Eu também me fiz essas mesmas perguntas ao sair sozinha à noite, em outro país, pela primeira vez. Fiquei um tempão no quarto do hotel refletindo se devia ou não me arriscar, se valia a pena, e posso dizer que voltei feliz da vida no fim da noite por ter tido coragem e ter me divertido.

Para quem sai sozinha, mas procura companhia para se divertir, basta chegar perto do balcão para engatar uma conversa com quem está ao lado. Dali para uma rodinha na pista de dança é um pulo (aliás, fora do Brasil rodinhas de gente dançando se abrem muito mais facilmente a desconhecidos!). Isso sem falar nas conversas engraçadíssimas na fila do banheiro. E ainda costumam rolar ótimos papos com *barmen* e *bartenders*, que costumam ser excelentes conhecedores das redondezas – e a conversa pode render boas sugestões de passeios, restaurantes e outros bares para seus próximos dias na cidade. Ou, se você for tímida demais, não precisa necessariamente conversar com ninguém, mas simplesmente praticar o bom e velho *people watching* no balcão do bar, saboreando um bom drinque, ou se jogar na pista de dança até a noite acabar, se o lugar em questão for um *club*.

Claro que algumas precauções são importantes:

- Conheça bem o caminho para ir e voltar do lugar, afinal você fará o percurso à noite, e nem todos os lugares são bem iluminados às altas horas da madrugada.
- Fique de olho no relógio se você pretende voltar de metrô para o hotel. Na maioria das cidades, os metrôs funcionam até meia-noite ou pouco mais que isso. E tem estação de metrô tão deserta nesse horário que não vale a pena arriscar.
- Se for voltar com o transporte público noturno, como os *night buses* londrinos, verifique exatamente que opções servem ao seu trajeto e os horários disponíveis. Dar bobeira esperando transporte na rua no meio da madrugada é meio caminho andado para o azar.
- Se for voltar de táxi, leve anotado o telefone do serviço de táxi oficial da cidade. Nada como ser precavida.
- Nunca, nunca mesmo, aceite carona de desconhecidos. Nem se for daquele cara lindo que você acabou de conhecer.

Certa vez eu li um pequeno texto de Janice Waugh, autora do *blog* Solo Traveler <solotravelerblog.com>, que falava sobre sair sozinha para *clubs* e *pubs*: "Não carregue sua carteira em lugar óbvio nem leve bolsa. Chegue cedo, sente-se no balcão do bar e seja simpática com o *bartender* (ele é seu cartão de segurança). Não beba muito. Seja proativa. Converse com quem você quiser, e não com quem quiser conversar com você". É isso aí, simplesmente perfeito, até porque ser proativa é necessário sempre, sempre, sempre (e um bom *barman* vira um ótimo aliado se – toc, toc, toc – acontecer qualquer coisa esquisita durante a noite).

Não quer sair sem companhia de jeito nenhum, mas tem pavor só de pensar em passar a noite sozinha no quarto do hotel, numa cidade vibrante e divertida? Aposte num *pub crawl*. Acredite: existem muitas, mas muitas cidades mesmo que oferecem esse serviço como um passeio guiado – ir em turma de bar em bar, conhecendo costumes, petiscos e bebidas locais. Na Espanha, sair de bar em bar é um programa corriqueiro para os espanhóis, e empresas como a Madride <www.madride.net> andam tornando essa ideia conhecida entre turistas do mundo inteiro. Mas a melhor pedida é apostar nos ótimos roteiros da Sandeman's <www.neweuropetours.eu>, que promove saídas do tipo *pub crawling* em várias capitais do mundo. Melhor ainda, oferece *walking tours* gratuitos e de excelente qualidade nessas mesmas cidades. Esses passeios a pé pela cidade costumam ser tão bons, com no mínimo três horas de duração, que, ao final do *tour*, várias pessoas seguem para um bar ou *pub* para continuar o papo. Ou, se tiver outros planos, de qualquer maneira você já terá conhecido várias pessoas diferentes, incluindo outros *solo travelers*, e, vá por mim, provavelmente já terá combinado uma saída para depois.

Nos *pub crawlings*, em geral os turistas se encontram em um horário e ponto predeterminado e dali começam o *tour*, com diversas paradas entre *copas*, *tapas* e *pinchos*. No fim da noite, além de conhecer os bares do roteiro, você acabou conhecendo também um monte de histórias e pessoas bacanas de diferentes lugares do mundo. Costuma ser tão divertido que muita gente estica o passeio depois de o *tour* estar oficialmente encerrado, ou marca com a mesma turma de se encontrar para repetir a dose no dia seguinte. Antes de viajar, faça uma busca por "pub crawl", "pub crawling" ou "tapas tour" no Google, associando a expressão a seu local de destino.

O mais importante: nunca, em circunstância alguma, fique bêbada se estiver viajando sozinha. *Nunca.* Nem se estiver em um grupo organizado, como os descritos anteriormente. Ainda que às vezes um pouquinho de álcool ajude a descontrair e tomar coragem, ninguém vai se divertir mais por causa disso. Um ou dois drinques são sempre ótimos, mas o exagero, invariavelmente, acaba fazendo o tiro sair pela culatra. Quantas histórias eu já ouvi de fins de noite nada *happy* para meninas que abusaram da bebida e voltaram para o quarto do hotel com gente de quem nem se lembravam depois, e o pior: nem sabiam exatamente o que tinham feito depois de voltar para o hotel. Golpes do tipo "Boa-noite, cinderela", então, são histórias ainda mais tristes, com prejuízos que vão muito além dos financeiros. Verdade absoluta: excesso de bebida não combina de jeito nenhum com uma boa viagem, e menos ainda com quem viaja sozinha. Ter liberdade para fazer o que quiser na viagem é excelente e um dos maiores propulsores das *solo trips*, mas tudo tem limite, e bom-senso é um dos fatores primordiais para que uma viagem desacompanhada seja boa.

6
O QUESITO SEGURANÇA

Eu me lembro da primeira vez em que viajei sozinha, a trabalho, para o Reino Unido. Quando soube que poderia emendar com as férias, fiz questão de conhecer Madri e Barcelona, e confesso que tive muito medo de ruas escuras, fiquei constrangida ao ser pedida em casamento por um indiano em uma loja e, toda vez que alguém me perguntava se eu estava sozinha, dizia que meu marido não estava muito bem e me aguardava no hotel.

Impressionante como tenho amiga que diz: "Queria ter a sua coragem de viajar sozinha"! Eu sempre sonhei em conhecer Veneza em uma viagem de lua de mel e, ao fim de um relacionamento, emendei uma viagem de trabalho com as férias e conheci esse e outros lugares na Itália. Fiquei hospedada na casa do amigo de uma amiga, fiz outros amigos, me encontrei em minha solidão, conheci lugares lindos, identifiquei minhas raízes (meu bisavô saiu de Treviso). Fiz uma viagem de lua de mel comigo mesma! Se eu tivesse esperado a lua de mel, não teria vivido essa experiência. E confesso que, viajando em excursão pela Grécia anos depois (não queria ficar sozinha), um dia fui ao mesmo lugar do grupo em outro horário, para poder conhecer outras coisas e ficar um pouco a sós.

Mas meu "causo" mais impressionante foi quando resolvi sair da casa de uns amigos no Cairo, no Egito, para passar o dia fora. Para pegar um táxi, passei por uma ponte da ilha onde meus amigos moravam até a praça Tahrir, e ouvi de tudo (espero que tenham sido palavras boas para a autoestima). Negociei com um taxista que falava inglês para me levar até o mercado, mas ele me colocou em outro táxi cujo motorista só falava árabe.

Com o pouco que aprendi em uma semana por lá, em excursão (porque o Egito já não era lugar seguro para uma mulher andar sozinha, então só andei por onde tinha certeza de que não havia perigo), consegui que ele me levasse, mostrando o guia de viagem, ao lugar onde eu queria tirar uma foto igual ao do guia, de uma mesquita com a cidade ao fundo.

Ao voltar para o endereço onde estava, disse o único número em árabe que me lembro até hoje, 23, e o nome da rua. Cheguei de volta à casa dos meus amigos após um dia inesquecível e cheio de emoções, mas, para minha surpresa, o motorista esbravejou dizendo que era mais dinheiro do que o que eu havia acordado com o que falava inglês. Você discutiria com um cara de dois metros de altura? Eu não! Paguei e saí de fininho!

— Cristina,
administradora, professora, escritora e balzaquiana que ama viajar

Toda semana recebo *e-mails* e comentários nos meus *blogs* de leitoras perguntando sobre a segurança de quem viaja sozinha. Acredite: tem até viajante do sexo masculino que entra nessa paranoia. Mas eu sempre respondo que, se você mora no Brasil, dificilmente vai sentir grande insegurança nos destinos internacionais mais comuns. Desde que, claro, não se valha do pretexto de estar em férias para abrir mão do bom-senso (sempre ele!) e da precaução.

Não vou mentir: eu conheço algumas pessoas que tiveram percalços em viagens, de problemas de saúde a perda de documentos por embriaguez ou assalto. Mas não porque estavam sozinhas – elas não estavam; coisas desse tipo podem acontecer com qualquer pessoa, acompanhada ou não, quando a gente relaxa na segurança. E isso, sejamos francas, acontece com mais frequência quando estamos acompanhadas do que sozinhas. Mas, como provavelmente dizia sua avó, é melhor prevenir do que remediar, e quem viaja sozinha não tem com quem dividir a responsabilidade de uma burrada, então cuidado redobrado é aconselhável nesse quesito. É muito válido deixar alguém em casa sabendo de seu itinerário, deixar o telefone do hotel/albergue com um amigo ou parente e manter o comprovante do seguro-saúde sempre com você.

Eu morri de medo quando encarei sozinha, às 4h51 da madrugada, o malfadado trem Sud Expresso – que liga Lisboa a Paris –, de Salamanca, na Espanha, para Coimbra, em Portugal. Não bastasse o frio na barriga de esperar pelo dito cujo no meio da madrugada em uma estação quase deserta, fiquei numa cabine escura em que só tinha mais um cara, que ficava me encarando o tempo todo. Fiquei agarradinha às minhas coisas e não preguei o olho um único instante durante as quatro horas que durou a viagem. Mas o cara acabou descendo uma estação antes da minha e ainda sorriu e disse: "Tchau, boa viagem" antes de sair. Coitado, de repente era só um pai de família curioso. Mas o seguro morreu de velho.

Salvo casos de nações em guerra, não se pode simplesmente dizer que um lugar não é seguro para quem viaja sozinho. Um lugar é seguro ou não é, independentemente do fato de se ter ou não companhia na viagem. Claro que vale o bom-senso em locais como países muçulmanos, em que o assédio a mulheres sozinhas é mais explícito, nos quais não se devem usar roupas justas e decotadas se nenhuma mulher dali se veste desse jeito – questão de respeito, né? Use uma fórmula simples: por acaso você costuma dar bobeira na sua cidade, deixando a carteira ou o celular no bolso de trás da calça enquanto está em um transporte público, anda pela rua com montes de dinheiro no bolso, deixa a bolsa dando sopa no centro da cidade ou a pendura no encosto da cadeira em um restaurante lotado, ou anda calma e tranquilamente, quase saltitante, sozinha de madrugada? Aposto que não. Então a mesma lógica deve imperar quando você viaja para outro lugar, não importa se é "primeiro mundo" ou não. Informar-se bastante sobre o cotidiano do destino antes de viajar é essencial.

Outros conselhos válidos:

- **Caminhe com propósito:** não fique andando por aí como a Chapeuzinho Vermelho atravessando o bosque, cantarolando feliz e contente. Claro que você deve estar contente, mas caminhe com atenção o tempo todo, com passos firmes e o olhar fixo. Não dê bola para galanteios (ou até grosserias que podem surgir, por exemplo, em alguns países árabes), não se prenda excessivamente a detalhes, como aquele bebezinho fofo ou aquela blusa ma-ra-vi-lho-sa da vitrine. Caminhe com propósito, mesmo quando estiver apenas flanando, mesmo que você seja tímida. Quanto mais você se parecer com uma moradora local, melhor.

- **Melhor público que privado:** evite zanzar sozinha por áreas ermas, escuras ou muito desertas. Você não faria isso em sua cidade, faria? Então por que diabos acha que tudo bem se enfiar em uma rua deserta só porque está em viagem de férias? Nada disso. Procure permanecer sempre em locais movimentados, seja na hora de caminhar, de tomar sol na praça, de ler em um banco ou de escolher um lugar para almoçar.
- **Seja proativa:** andar com propósito, como anteriormente recomendado, significa ser proativa, ou seja, tomar as rédeas da situação: escolher onde sentar no bar (se está sozinha, o balcão é sempre um bom lugar), com quem falar, aonde ir, onde não entrar, lembrar de manter os documentos e o dinheiro sempre em seu porta-dólar ou no cofre do hotel... tomar certas precauções, entende? Estar sempre um passo à frente, diriam os mais antigos. Sendo proativa, você ainda estará em contato com muita gente e poderá fazer muitas amizades, se quiser. Mas com certeza vai ficar muito menos vulnerável em qualquer situação ruim ou desagradável.
- **Seja dura se preciso:** quando se trata de segurança, se a educação não garantir seu sossego, não tenha medo de ser

rude. Existem pessoas, e isso em qualquer lugar do mundo, que não se contentam ao ouvir o primeiro "não". Se o primeiro "não" foi gentil e educado, mas não surtiu o efeito necessário, feche a cara e se imponha, nem que seja em um tom de voz mais alto, em público, para que a pessoa entenda que não é bem-vinda de maneira nenhuma. Em Marrocos, onde não adiantava usar de boa educação para evitar o assédio, minha cara feia e fechada o tempo todo até hoje é lendária para minha irmã, que me acompanhava na viagem, mas isso garantiu que fôssemos menos incomodadas.

- **Pesquise, pesquise, pesquise:** pesquisa e informação formam a base do sucesso de qualquer viagem. E isso se torna ainda mais importante quando se trata de uma viagem solo, em que você mesma será responsável por tudo, antes, durante e depois. *Antes* de partir, pesquise tudo que puder sobre a viagem, desde informações sobre a companhia aérea, deslocamento do aeroporto para o hotel, os arredores de onde você vai ficar, o que fazer no destino etc. Se você for desembarcar à noite ou muito cedo no destino, por exemplo, convém saber exatamente que transporte tomar e até onde, para evitar transtornos. Quanto mais informações você tiver ao chegar ao destino, mais sucesso terá ao se deslocar por lá – trata-se de uma regra básica e infalível. Munida de uma boa pesquisa, é mais fácil lidar até com os imprevistos – se a linha X do metrô estiver desativada naquele dia, com seu mapinha e seu estudo prévio você provavelmente vai saber que alternativa poderá substituí-la.

- ***Smart packing:*** sabedoria na hora de fazer as malas também ajuda na segurança. Quanto menor e mais leve for a sua bagagem, mais rápido e facilmente você vai se deslocar pelos lugares. Quanto menos volumes você transporta, maior controle tem sobre eles, mesmo em locais muito cheios, como metrôs. Lembre-se disso quando quiser colocar a quarta calça *jeans* ou a terceira camisa branca na mala. A regra do "menos é mais" também costuma ser infalível nesse quesito.

- **Não se esqueça do seguro:** viajar sem seguro-saúde é uma das maiores roubadas em que um viajante pode se meter, estando sozinho ou não. Para quem viaja sozinha, não há desculpa no mundo para não adquirir um – afinal não vai haver ninguém ao seu lado para tomar conta de você no caso um de mal-estar estomacal ou uma gripe forte. Você pode adquirir um até mesmo *online*, de última hora, em *sites* como o World Nomads <www.worldnomads.com>, o seguro recomendado pelo Lonely Planet. Ler atentamente as letrinhas miúdas da apólice antes de embarcar também é importantíssimo, assim, se alguma coisa acontecer – toc, toc, toc –, você já sabe exatamente como proceder. Aliás, antes de adquirir o seguro-saúde, cheque se a operadora de seu cartão de crédito não lhe oferece essa cobertura – hoje em dia, muitas operadoras oferecem seguro-saúde e seguro-bagagem gratuitamente em viagens ao exterior.
- **Todo lobo é mau:** se você viaja livre, leve e solta, as chances de ser paquerada triplicam. O assédio a uma mulher sozinha geralmente é maior em qualquer lugar. E muita gente ainda não entende que uma mulher sozinha num bar não quer necessariamente dizer: "Oi, eu estou sozinha e à caça", e pode simplesmente significar: "Ei, estou apenas tomando

um drinque e curtindo a música". Ainda que você esteja mais voltada à primeira interpretação, não caia em qualquer conversa – lembre-se das frases bregas da sua avó, do tipo: "À noite, todos os gatos são pardos". Então, enquanto estiver trocando ideias com o bonitão, não tire os olhos de seus pertences, assim como você não deve perder sua bebida de vista nem por um segundo – golpes do tipo "Boa-noite, cinderela" ainda são bastante comuns, infelizmente.

- **Tenha sempre um celular com você:** pode parecer bobagem, mas muita gente se sente mais segura com um celular em mãos. Na hora de viajar, lembre-se de ativar o *roaming* para que o telefone continue funcionando em seu destino e certifique-se de que o aparelho esteja desbloqueado. Fora do Brasil, cuidado com a conta. Enviar mensagens pode ser barato, e recebê-las, gratuito, mas fazer e receber ligações pode sair mais caro que suas férias. Por isso, adquira *chips* pré-pagos no(s) país(es) que visitar. Eles costumam custar cerca de dez euros (ou o equivalente em outras moedas) e podem ser usados em qualquer aparelho desbloqueado. Com esses *chips*, as ligações saem infinitamente mais baratas, e você ainda pode fazer reservas em restaurantes, chamar um táxi, checar informações de última hora etc. Existem até locais com operadoras voltadas para o turista estrangeiro, que cobram míseros centavos por minuto de chamada para o Brasil (como a Happy Movil, na Espanha). E existem *chips* bem acessíveis, que podem ser usados em diversos países do mundo sem levar ninguém à falência, como o Maxroam <www.maxroam.com>, que você compra e habilita *online*, recebendo o produto em casa.

7
A TRABALHO OU A ESTUDO

Em 2006, fui sozinha para a Argentina e, para driblar a falta de companhia, me matriculei em um curso de espanhol – uma semana em Buenos Aires e uma semana em Mendoza. Eu me hospedei em casas de família para conhecer mais a rotina das cidades. Foi maravilhoso! Nos dias em que queria companhia, era só embarcar no programa da turma do curso, que acontecia de manhã, e as tardes eram livres. Nos dias em que queria passear sozinha, saía do curso e tomava o caminho que quisesse. Fiz boas amizades e conheci os lugares de uma forma diferente.

Quando estamos em turma, nós nos fechamos naquele grupo, e interagir com os locais é bem mais complicado. Quando se está sozinha, é mais fácil interagir com as pessoas e estar disponível para o que a cidade oferece!

Em 2004, eu tinha 29 anos e estava curtindo uma dor de cotovelo terrível por causa de um casamento que não deu certo. (Isso mesmo, divorciada aos 29!) Depois de assinar os papéis, eu estava com a autoestima lá embaixo e resolvi que merecia um mimo, um sonho, algo que sempre quis fazer. Juntei as economias e resolvi ir pela primeira vez para a Europa. Comprei a passagem, um pacote para treinar o inglês e visitar algumas cidades e deixei livres os primeiros dias em Londres e os últimos em Atenas, para descobrir as cidades sozinha, sem nenhum programa fixo.

O voo foi ótimo e a chegada, em Heathrow, tranquila. Mas, ao chegar ao hotel, por volta das oito da noite, caiu a ficha de que eu teria de me virar sozinha a partir de então. Entrei no quarto apertado, com uma janela que era quase basculante, e senti um aperto no peito. Não tinha mais certeza se era aquilo mesmo que eu queria. O que eu faria nos 22 dias seguintes? O colo da mamãe e o ombro da irmã estavam longe à beça, e na época não tinha a maravilha que é o Skype para resolver as distâncias e saudades.

Respirei fundo, tomei um banho e resolvi que ficar no quarto não adiantaria nada. Desci para o *hall* do hotel e peguei todos os panfletos e mapas que havia na recepção. Fui para o *pub* ao lado, sentei, pedi uma cerveja e abri os mapas, tentando planejar o dia seguinte. Foi o dono do bar que trouxe a cerveja – e pronto: ele tinha uma amiga em São Paulo e adorava o Brasil! Ele me ajudou a escolher as atrações, os transportes, o que fazer, o que não fazer... Eu já tinha programação para uma semana em Londres, e só ficaria dois dias!

Essa receptividade foi essencial para que eu ganhasse confiança e enfrentasse a cidade no dia seguinte e as novidades desse tipo de viagem. Até então, eu nunca tinha tomado café da manhã sozinha! O dia foi corrido, mas perfeito; até um céu azul em Londres eu ganhei!

Hoje viajo muito a trabalho, principalmente pelo Nordeste. Aonde vou, procuro saber de uma atração turística para visitar depois do trabalho, um restaurante legal, uma feirinha de artesanato. O restaurante é sempre o mais complicado, mas com um *smartphone* dá para compartilhar a situação com tantos amigos! Mesmo assim, às vezes eu simplesmente acho melhor não sair e aproveitar aquele tempinho longe de tudo só para mim.

Também já fui membro do Hospitality Club – que parece o Couch Surfing, mas não envolve, necessariamente, receber alguém em casa, sendo possível voluntariar-se apenas para um almoço ou *city tour*. Nunca usei o serviço como viajante, e sim como cicerone. Meu objetivo era justamente conhecer, por meio do Hospitality Club, pessoas das cidades que eu visitasse, para caso me sentisse sozinha ou quisesse que um morador da região me apresentasse a cidade e seus costumes.

— ADRIANE,
profissional de comunicação corporativa, 36 anos

Você sabia que mais de cem mil brasileiros participam anualmente de cursos de idiomas, programas de trabalho ou *au pair* em outros países? Dados da Association of Language Travel Organisations apontam o Brasil como o quarto país que mais enviou estudantes ao exterior nos últimos anos. E, dentro desses números que não param de crescer, a grande maioria é composta por mulheres.

Intercâmbio, curso de línguas, especialização, MBA são experiências de vida capazes de valorizar o currículo de qualquer profissional – isso sem falar no crescimento pessoal que vivências desse tipo nos proporcionam. Até cursos de línguas ou especializações de curta duração, como os de verão ou de um mês que várias universidades e escolas oferecem no mundo inteiro (e podem ser feitos no próprio período de férias, por exemplo), são ótimas opções para dar uma guinada na carreira e na vida pessoal, e a preços bastante razoáveis.

Ao decidir passar um tempo em outro país para estudar, leve em consideração o seguinte:

- Pesquisar, como sempre, é essencial. Não poupe tempo de pesquisa antes de optar por essa ou aquela escola ou universidade. Procure referências de quem já estudou lá e analise cuidadosamente o *site* da instituição, para não cair numa roubada. Google, Google, Google.
- Quando estiver definitivamente segura a respeito da escolha da instituição, entre em contato diretamente com ela para fazer as últimas perguntinhas de checagem. A maneira como respondem seu *e-mail* e suas dúvidas costuma revelar muito sobre a atenção que a escola dá a seus alunos. E, em geral, adquirir o curso diretamente da escola, em vez de utilizar uma operadora especializada em cursos e intercâmbios, costuma representar uma economia de no mínimo 30% no valor final.
- Considere também as cidades pequenas ao escolher seu destino e escola. Há várias cidades menores na Europa com profunda tradição em ensino e grandes universidades (como Salamanca, na Espanha, Coimbra, em Portugal, Oxford, na

Inglaterra etc.), e elas ainda costumam significar melhor qualidade de vida, mais segurança e custo de vida mais baixo.
- Se escolheu um curso de idiomas, considere associá-lo a outra atividade, como italiano e gastronomia, francês e cinema, inglês e comunicações, espanhol e arte etc.
- Pesquise também sobre bolsas de estudos no local em questão. As instituições que tradicionalmente mais financiam bolsas de estudos para brasileiros são a Fundação Carolina, na Espanha, a Comissão Fulbright, nos Estados Unidos, o British Council e o Instituto Chevening, na Inglaterra, e o Instituto Camões, em Portugal. Mas as diferenças entre as bolsas são muitas: algumas só cobrem parte do valor do curso, mas as melhores cobrem curso, hospedagem e até parte da passagem aérea. As exigências sobre o perfil do candidato também variam bastante de uma bolsa para outra (exames de proficiência na língua local, como TOEFL, IELTS, DELE, podem ser exigidos na hora da candidatura).

Viagem e trabalho são dois mercados cada vez mais unidos. Hoje em dia, as viagens de negócios movimentam mais de 650 bilhões de dólares por ano, com expectativa de crescimento anual de pelo menos 3% até 2015. No Brasil, segundo a Embratur, é o trabalho que traz mais de 25% dos visitantes estrangeiros ao país – e também é esse o motivo de mais de 30% dos brasileiros embarcarem para o exterior.

 Planejamento também é a alma de uma boa viagem a trabalho, até porque experiências desse tipo não precisam – nem devem – ser desprovidas de prazer. É cada vez mais comum encontrar gente que consegue aliar os compromissos de trabalho a um roteirinho de passeio. Para isso, é preciso conhecer bem a área de trabalho e hospedagem, para saber o que tem para fazer nas redondezas, de atrações a restaurantes, e se outros possíveis pontos de interesse ficam muito longe.

Mais importante ainda, sobretudo pelo fato de ser mulher, é manter durante toda a viagem a mesma postura de dentro do escritório, afinal não é porque mudou o território que deixou de ser trabalho. E, infelizmente, as cobranças e fiscalizações sobre as mulheres são ainda maiores. Regra básica: bebidas alcoólicas em eventos, reuniões e refeições de trabalho, *nunca*.

Antes de fazer as malas, informe-se sobre a cultura local. Nada pior que saias justas profissionais por diferenças culturais ou de comunicação – de beijinhos no rosto onde o usual é um aperto de mãos a vestimentas inapropriadas. De qualquer maneira, escolha sempre roupas discretas e elegantes, mas não deixe de incluir traje de banho, para aproveitar pelo menos a sauna do hotel. Invista em tons neutros (branco, preto, bege, cinza, marinho), com peças fáceis de combinar entre si e tecidos que não amassem – o *hors-concours* é a microfibra. E não se esqueça de levar roupa íntima suficiente para o período e para eventuais imprevistos.

Para buscar um novo trabalho em outro país, inscreva-se antes em *sites* de oferta de emprego no destino escolhido, como o Infojobs <www.infojobs.com> e o Net-Empregos <www.net-empregos.com>. Nesses lugares você define seu perfil, cadastra seu currículo e encontra muitas ofertas de trabalho, podendo escolher em quais deseja se inscrever. É possível também ter uma ideia da faixa salarial para o tipo de cargo que você procura, para que você possa se planejar e prever gastos e custo de vida.

Quem embarca sem emprego definido não deve desconsiderar a possibilidade de aceitar temporariamente empregos não remunerados em sua área, em troca de estudos ou experiência. Muitas escolas e universidades aceitam estrangeiros como funcionários por meio período em troca de cursos de línguas ou de conhecimentos específicos, e diversas empresas são abertas a estágios não remunerados, mesmo para pessoas mais velhas.

8
TIRANDO UM PERÍODO SABÁTICO

Você pode até começar, mas dificilmente vai acabar uma viagem de volta ao mundo sozinha. Terminei a minha dois anos atrás, e minha coleção de amigos espalhados pelo planeta cresceu numa velocidade vertiginosa no ano que passei vagando meio sem rumo por aí. Ainda tenho contato com muitos deles: o Olivier e a Aude, na França; a Anja e o Patrick, na Suíça; o Ricardo e a Thais, na Espanha; a Sarah, na Califórnia; a Angelika, na Alemanha; a Hanna, na Tailândia… Na metade da viagem eu cheguei a fazer as contas na ponta do lápis: depois de passar por oito países na Ásia, encarar 27 voos e 97 horas de trem, eu já colecionava 38 novos amigos de doze nacionalidades diferentes. E ainda estava na metade do caminho…

Para mim, viajar é isso. É baixar a guarda, perder o medo, deixar as portas abertas. É aprender a dividir tudo com desconhecidos imediatos – um banco no ônibus, paisagens surpreendentes, situações assustadoras, missões aparentemente impossíveis, pores do sol estarrecedores. É ver o mundo muitas vezes pelos olhos dos outros, que passam a ser os seus também.

Numa *round the world*, em que o mundo é o próprio caminho, os personagens são a maior recompensa. Entraram na minha estatística anterior a Ih The, de 9 anos, e a Zaw Zaw, de 7, duas moradoras dos arredores dos templos de Bagan, em Mianmar. Falamos pouco, rimos muito, trocamos chinelos, penteados, maquiagem. E prometemos nos ver. Um dia.

— Rachel,
jornalista, 35 anos

Tomar a decisão de fazer sua trouxinha e passar um tempo, ou até começar tudo de novo, em outra parte do mundo é algo complexo. Passar meses, um ano ou até ficar indefinidamente em outro lugar, fora da sua zona de conforto, exige reflexão, ponderação, planejamento e preparo – financeiro e psicológico. Afinal, inúmeros detalhes burocráticos (financeiros, trabalhistas etc.) e pessoais (emocionais, familiares etc.) têm de ser levados em conta – não é algo que se possa fazer da noite para o dia. E, sejamos francos, quando uma mulher decide fazer algo do gênero sozinha, ainda enfrenta uma dose singular de preconceito.

Ser transferida para uma filial da empresa em outra cidade ou país costuma ser visto socialmente com olhos bem distintos do que quando se vai, por conta própria, fazer um MBA internacional, um curso de aperfeiçoamento ou mesmo frequentar uma escola de idiomas em outra parte do mundo. Se decidir passar por um período sabático, então, sem nada planejado e usando suas economias de anos, a fase pré-viagem pode virar um verdadeiro suplício nesse sentido. Se, ao viajar sozinha em férias, tem muita mulher que enfrenta uma enxurrada de perguntas do tipo "e se" por parte da família e dos amigos, é bom se preparar para o interrogatório quase medieval que virá.

A ideia de ano sabático vem do termo hebraico *shabat* (o dia do descanso semanal dos judeus) e se refere a um período da vida em que a pessoa interrompe suas atividades de rotina e trabalho para cuidar de si mesma, investir em seu crescimento pessoal por meio de novas experiências culturais e existenciais. Velha conhecida nos Estados Unidos e na Europa, a ideia de tirar um ano sabático finalmente – e felizmente – começa a ganhar algum respeito e valorização no Brasil. Com os planos de casamento e filhos sendo levados a cabo muito mais tarde pelas novas gerações, aliado ao fato de a realização profissional acontecer cada vez mais cedo, o ano sabático se tornou mesmo algo social e financeiramente mais viável. E um monte de gente anda escolhendo passar esse tempo dando a volta ao mundo, no melhor estilo Júlio Verne!

Quando tomei a decisão de, em 2009, passar um ano entre Itália, Espanha e França, vivendo um pouquinho em cada país, sem planos fixos e cuidando só de mim, ouvi os maiores absurdos de amigos que julgava bem equilibrados. E quase *todo mundo* estava mais preocupado com o que eu faria com a minha casa e o meu carro do que com os passeios que eu tinha em mente. E foi a mesma coisa com as minhas amigas que também decidiram se lançar em empreitadas parecidas.

Paciência, eu recomendo. Aliás, paciência, determinação e planejamento. A primeira, para responder a todas as perguntas, por mais descabidas que sejam; a segunda, para não desistir de seus sonhos e planos; e o terceiro, para que tudo saia tão bem quanto você deseja. E vai sair, acredite.

Vale lembrar, entretanto, que viver em outro país também tem suas mazelas: da busca por emprego (se for o caso) e por um imóvel para alugar a se acostumar culturalmente com o cotidiano, nem tudo é um mar de rosas. As crenças, valores e tradições de um lugar podem não ser necessariamente os seus, e isso deve ser fator primordial ao decidir onde fincar sua bandeira por aí.

- Procure escolher um país que combine de fato com você, com seu estilo, suas preferências e pretensões. Como viver bem em um lugar extremamente tradicionalista se você é toda arrojada, moderninha? Ou, mais simples ainda, como se adaptar à boemia natural da Espanha se você gosta de jantar às sete da noite?
- Não tome a decisão de mudar de país no auge de suas emoções, como numa "deprê" por causa de um relacionamento rompido ou de uma demissão, ou logo depois da morte de um ente querido. Como eu disse no comecinho deste capítulo, mudar para outro país é uma decisão a ser pensada, estudada e planejada para ser bem-sucedida.
- Antes de se decidir por um destino (a Itália romântica dos seus sonhos não é necessariamente a Itália do cotidiano),

pesquise muito e de preferência conte com relatos de amigos ou conhecidos que moram ou já moraram no país para conseguir informações detalhadas sobre o lugar.
- Ter algum conhecimento prévio da língua oficial ajuda e muito. Se puder, invista num curso intensivo antes de deixar o Brasil ou logo ao chegar ao destino. Comunicação é parte fundamental da adaptação a um novo local.
- Informe-se, no consulado do país onde você pretende morar, sobre todos os trâmites burocráticos que devem ser seguidos antes e durante a estadia, de vistos e vacinas a convalidações de diplomas e outros aspectos.

Uma vez no novo local, seja uma pessoa aberta. *Open-minded*, como diriam ingleses e americanos. Uma das coisas mais legais de morar em outro país é ampliar seus horizontes em todos os sentidos. Aproveite o fato de estar sozinha em um lugar novo para conviver ao máximo com outras pessoas (estrangeiras também, mas interaja de preferência com moradores locais), esforce-se para falar a nova língua, conheça e se interesse pelos costumes e pela cultura local. Absorver outra cultura faz toda a diferença para sua bagagem de vida – e é esse o propósito maior de partir sozinha para uma empreitada dessas, não é?

E, como eu disse antes, para muitas mulheres tirar um ano sabático para cuidar de si mesma também pode ser um baita pretexto para dar a volta ao mundo. Aliás, dar a volta ao mundo deixou há muito tempo de ser uma utopia dos fãs de Júlio Verne. Tenho várias – mas várias mesmo – amigas que fizeram isso. Gente que aproveitou um único mês de férias para isso pelo simples apelo emocionante desse tipo de viagem, gente que emendou férias vencidas, que emendou trinta dias de férias com a semana do Carnaval ou com o recesso de fim de ano, para ganhar uns diazinhos a mais, e gente que, por meio de licença não remunerada do trabalho, passou até um ano inteiro sem endereço físico, pisando em diferentes países e vários continentes em busca de experiências e histórias para contar. Já funcionários públicos têm direito a até três anos de licença não remunerada – meu irmão mais novo é um que já está na estrada, nesse esquema, há um ano e meio, mochilando entre América do Sul e Europa.

Os grandes responsáveis pela facilidade de dar a volta ao mundo hoje são os bilhetes aéreos *RTW tickets* (*round-the-world tickets*). Vendidos por alianças aéreas, como Star Alliance, One World e Sky Team, eles dão direito a no mínimo três e no máximo quinze escalas ao redor do globo durante o período de até um ano. Os valores giram em torno de três mil dólares, o que acaba representando uma tremenda economia. Claro que há restrições: a viagem tem de ser feita sempre no mesmo sentido – leste ou oeste –, e não necessariamente *todos* os países dos seus sonhos são cobertos por aquela aliança – às vezes, é importante incluir um ou outro voo *low-cost* ou um trecho de barco para o sonho ser completo. Mas é você quem decide onde, como e por quanto tempo quer estar em cada lugar, porque para alguns a volta ao mundo *precisa* passar por todos os continentes, já para outros, não. A volta ao mundo da Maria pode ser simplesmente Londres-Cidade do Cabo-Sydney-Tóquio-Nova York, mas a da Joana pode ser Ushuaia-Melbourne-Cingapura-Tóquio-

-Nova Deli-Moscou-Marrakech-Cabo Verde. E ainda dá para incluir no roteiro da RTW trechos aéreos operados por companhias *low-cost* que não fazem parte das alianças que vendem esse tipo de passagem, trechos de trem, minicruzeiros, grandes cruzeiros... Vai mesmo do gosto da freguesa.

Tirar um período sabático, seja de dois meses ou de dois anos, é algo extremamente pessoal. Você pode até querer tirar esse tempo só para você, para cuidar de seu jardim e passar longas tardes na praia mais próxima. Ou pode querer morar em outro país. Ou passar um ano inteirinho viajando. Ou passar um ano inteirinho sem fazer plano nenhum. Não importa. Um período sabático, independentemente da duração, é um tempo *só seu*. Sozinha, podendo se descobrir, se gostar ainda mais, se encontrar. Se for viajando, em outros ares, outra cultura, melhor ainda.

9
LIDANDO COM "OS OUTROS"

É pura ilusão achar que viajamos sozinhas quando viajamos desacompanhadas. Antes mesmo de sairmos de casa, já tem uma galera de carona na nossa viagem: a mãe incentivadora, mas preocupada, a amiga do contra que acha que vai dar tudo errado, o namorado, que diz que vai terminar se você sair sozinha por aí "atrás de bobagem", a vizinha que não se conforma com o fato de você não ter "nenhuma amiguinha que possa acompanhá-la".

Quem viaja sozinho tem profunda autonomia, a máxima liberdade de fazer o que bem entender na viagem, mas tem de lidar com um monte de gente antes de embarcar, um monte de gente querendo satisfações. Durante a viagem, viajamos com muita gente: aquela família legal da fila do museu, aquela moça simpática que a convidou para um café, aquele cara bacana que a convenceu a ir para o Laos em uma próxima oportunidade, aquele cara chato que encarnou em você. Na volta, todo o pessoal que pediu satisfações antes da viagem vai querer satisfações de novo, e alguns nem vão acreditar quando você disser que a experiência foi maravilhosa. E você continuará trocando *e-mails* com todo aquele pessoal legal que conheceu na viagem, inclusive trocando ideias para as próximas.

— Renata,
dentista, 32 anos

É impressionante o tanto de gente que acaba participando, direta e indiretamente, de nossa viagem solo. Para o bem e para o mal. Desde os amigos excelentes que acabamos fazendo pela estrada até aqueles que tentam, ainda que inconscientemente, azucrinar nossa vida com longos questionários antes da partida.

Em 2008, quando contei que no ano seguinte viveria sozinha na Europa, vários dos meus amigos jogaram baldes de água fria na ideia. "Que ideia de jerico! Quem vai cuidar das suas coisas no Brasil? Quem vai cuidar de você lá? E se seu dinheiro acabar? E se você se sentir muito solitária? Quem serão seus amigos? Com quem você vai conversar, sair, jogar conversa fora?" Ouvi tantas coisas do gênero que muitas das amizades ficaram meio meladas desde então. E se por acaso eu tivesse dado ouvidos a esse monte de "e se" que escutei, não teria vivido uma das experiências mais incríveis, um dos melhores anos da minha vida, nem conhecido tanta gente bacana como conheci naquele ano.

Todos participaram da minha aventura, digamos assim. Incluo nisso a minha família querida, que sempre me deu o maior apoio, os amigos que tentaram melar a viagem – por desconhecimento do assunto, por preconceito ou até por inveja, sejamos bem francos –, os que se empolgaram e me apoiaram, os que viraram amigos no decorrer da jornada, leitores e internautas que deram palpites, os desconhecidos que me ajudaram aqui e ali durante a viagem e os amigos que me acolheram na volta, cheios de saudades e querendo ouvir minhas histórias.

E é sempre assim. Tem *muita* gente envolvida na nossa decisão de sair sozinha para algum lugar. Para o bem e para o mal. Mas quer saber? Essa decisão tem de ser racional, claro. Deve ser pensada, refletida e analisada por você. Porque ela é *sua, só sua*, e ponto final.

EVITANDO COMPANHIA

Enquanto algumas mulheres viajam com a ideia fixa de conquistar amigos e amores no local visitado (veja mais adiante), outras simplesmente têm de lidar com o excesso de companhias das quais não querem desfrutar. Afinal, se estamos viajando sozinhas, muitas vezes é para passar um tempo agradável e prazeroso em nossa própria companhia, certo?

As brasileiras infelizmente ainda são rotuladas em muito canto por aí como mulheres "fáceis". Quando visitei o Marrocos, por exemplo, o assédio era tão frequente, explícito e de baixo nível que passei a olhar feio e a maltratar qualquer figura masculina que se dirigia a mim – até os pobres coitados cobertos de boas intenções. Gato escaldado, sabe como é... A verdade é que, quando viajamos sozinhas, em alguns lugares mais que em outros, qualquer atenção masculina acaba nos parecendo mais assédio do que qualquer outra coisa, afinal é inevitável, ao menos em algum momento, receber olhares que nos desnudam, lidar com mãos bobas no metrô, ouvir grosserias e até achar que estamos sendo seguidas.

Hoje já viajei sozinha o bastante – algumas vezes por vontade própria, outras por causa da profissão – para me incomodar com essas coisas. Mas estou sempre atenta, 24 horas por dia, sobretudo nos destinos chamados de "femininamente incômodos" – aqueles em que viajar sem companhia masculina pode ser complicado, como Egito e Marrocos –, e em geral já antevejo a aproximação de uma companhia indesejada e mudo o caminho, saio do banco em que estou sentada ou me mostro muito compenetrada em alguma coisa, para "cortar o mal pela raiz". Respostas firmes, curtas e objetivas costumam ser eficazes na maioria das vezes. Com caras "sem noção", que não se tocam, frequentemente é preciso descer do salto e lançar mão de um pouquinho de grosseria, *sorry*. Stephanie Griest, autora de *100 viagens que toda mulher precisa fazer*, diz que não há antídoto melhor para esses casos que "humilhação pública": dizer em alto e bom som um "não", "se toca", "você não tem vergonha na cara, não?", e outras coisas do gênero.

Tem dias que a gente até precisa ouvir uns elogios, sejamos francas, mas tem dias que não. Como "repelente de homens", conheço gente que usa até aliança de casamento falsa. Eu honestamente não vejo muito sentido nisso. Continuo achando que, para casos extremos, em que um educado "desculpa, mas não tô a fim de conversa agora" simplesmente não surte efeito, a melhor solução é a habilidade de ignorar o indivíduo em questão – entreter-se no livro, no *smartphone*, no *netbook*, olhar a paisagem. E seguir seu caminho ou continuar seus afazeres, firme e decidida.

E QUANDO BATE A SOLIDÃO?

Como eu disse antes, para algumas pessoas o desconforto da solidão bate mais forte que para outras. E, para quem realmente não gosta de ficar sozinha e viaja sem companhia apenas por falta de opção, é preciso encontrar paliativos. Manter-se conectada é importante: com um *smartphone* com conexão à internet, você pode falar com seus amigos e familiares e saber deles a qualquer momento – basta puxar conversa pelo MSN, postar uma foto no Facebook ou um comentário no Twitter que alguém entrará em contato com você.

Mas também não dá para passar o dia a dia de sua viagem em contato com as pessoas que ficaram justamente no lugar do qual você saiu, certo? O propósito inicial de qualquer viagem é mudar de ares, não ter rotina, conhecer outras pessoas, outra cultura. Então, o pressuposto básico, se você realmente não gosta de passar muito tempo em sua própria companhia, é ligar-se às pessoas ao seu redor. Para não deixar a solidão bater, você pode se concentrar no seguinte:

- Prefira trens a ônibus ao viajar. Há muitos trens com cabines para seis passageiros ou assentos dispostos em jogos de quatro viajantes, o que facilita o contato com outras pessoas. E os vagões-restaurante também costumam ser lugares que facilitam muito o entrosamento.

- Ainda que você esteja *morrendo* de vontade de bater papo, *escolha* com quem quer conversar. Seja proativa também na abordagem ao interlocutor. Procure afinidades, seja no modo de se vestir, no livro em mãos etc. Afinal, você está a fim de um bom papo e não de um papo qualquer.
- Inscreva-se em atividades em grupo durante a viagem – de *tours* pela cidade a aulas de gastronomia local ou um curso de idiomas. É bem provável que a interação seja duplamente interessante, com várias pessoas muito diferentes entre si.
- Escolha albergues, hostais e *bed & breakfasts* para se hospedar, já que tradicionalmente são locais mais sociáveis e acolhedores que hotéis maiores.
- Na hora de puxar papo, se não tiver a menor noção de como abordar a outra pessoa, vale pedir algumas dicas, se estiver falando com um morador local (algo do tipo: "Você sabe se tem um café legal com *wi-fi* por aqui?"), ou uma informação simples e genuína, se o interlocutor também for turista (por exemplo: "Você sabe onde fica a estação de metrô mais próxima?").
- Restaurantes e bares bem informais, com grandes mesas comunais, são cada vez mais frequentes. Pergunte em seu hotel/hostal onde há um interessante e vá sem medo – as conversas são imediatas por ali. Em locais menores, escolha sentar-se ao balcão – o local por excelência, e infalível, para quem está a fim de uma boa conversa, seja com o *barman* ou com os vizinhos de balcão.

- Sair à noite exige cuidados, como já mencionamos anteriormente: carregue uma bolsa em que possa ficar de olho o tempo todo (ou guarde tudo nos bolsos mesmo), não beba em excesso e vista-se sempre de acordo com a cultura local. Em contrapartida, socializar à noite é ainda mais fácil: você engata papo na fila do *club*, no balcão do bar, na fila do banheiro, e basta entrar na pista de dança para fazer contato com muita gente.

E SE EU QUISER COMPANHIA? (SEXUALMENTE FALANDO...)

Ainda que nós, brasileiras, lidemos frequentemente com alguns estigmas desagradáveis lá fora, também costumamos despertar certo fascínio, ser uma espécie de lenda para alguns gringos. Portanto, mulheres que querem companhia quando viajam sozinhas enfrentam muito menos dificuldades e obstáculos que aquelas que as evitam.

Certo dia, concedendo uma entrevista justamente sobre viajar sozinho, uma repórter me perguntou: "Mari, o que todo solteiro quer saber é: sozinho pelo mundo, dá para encontrar um amor?" E vira e mexe, quando volto de uma viagem solo, tem amiga que me faz alguma pergunta do tipo, quase antes de me falar oi. De fato, tenho diversas amigas e leitoras que simplesmente adoram contar suas aventuras amorosas e/ou sexuais ao voltar de suas viagens. Algumas até confessam que meio que viajam sozinhas com esse propósito – uma delas diz descaradamente que quando viaja tem que provar de tudo que é verdadeiramente local e típico, incluindo homens. Da minha parte, acho meio exagerado alguém viajar sozinho *para* encontrar alguém, afinal podemos encontrar "alguém" do lado de casa, certo? Mas, como esse tem sido um tema recorrente em meus *blogs* e entrevistas, achei que merecia umas palavrinhas aqui.

Quando viajamos sozinhas, ficamos mais vulnerável em todos os sentidos, por isso acaba nos apegando mais às pessoas que conhecemos. É supernormal virar "amigo de infância" de alguém com quem se conviveu muito em dois meses estudando fora, por exemplo. O convívio acaba sendo tão intenso que a intimidade meio que pula etapas. E no campo amoroso também é muito comum acontecerem coisas assim. É claro que em uma viagem podem rolar bons papos com alguém que se conhece em uma caminhada, em um museu, em um café, em uma praça, e daí evoluir para algo mais. Tem gente que acaba se apaixonando terrivelmente quando viaja para fazer um curso de verão, e tudo isso pode virar um grande amor. Conheço gente com histórias assim, que casou e teve até filho, mas também conheço gente que, ao sair na *night* em outros lugares simplesmente para ficar com alguém dali, acabou se dando mal.

O que eu não acho nada legal é alguém viajar sozinho com esse propósito de pegação. Para isso, você não precisa nem sair da sua cidade, certo? Mas, como companhia às vezes é muito bom e todo mundo gosta, as "regras" para sair com alguém em outros destinos devem ser praticamente as mesmas de casa. Ou seja, salvo em alguns países em que beijos na boca em público são proibidos ou outras coisas assim, use como limites seus próprios limites, como regras suas regras de sempre. Só um pedido: tenha o triplo de cuidado. Já ouvi muitas histórias de meninas que tiveram todos os seus pertences roubados pelo cara que levaram para o quarto do hotel, que foram dopadas em bares pelo cara com o qual estavam começando a ficar, que apanharam do carinha que parecia fofíssimo ao recusar sexo e outras coisas do gênero.

Meu conselho: evite grandes ímpetos e intimidades exacerbadas com sujeitos que você acabou de conhecer. O perigo pode ser excitante, mas, como diria sua avó, melhor prevenir que remediar, não é? Afinal, se você viaja sozinha, ninguém sabe que você foi para a casa de um cara, ou que acabou de conhecer aquele tipo que está levando para o quarto do hotel, ou que você tinha avisado de antemão que queria apenas tomar um drinque e conversar – ninguém vai poder ajudar ou socorrer você se alguma coisa der errado. No mais, se você estiver segura, feliz, decidida, todas as precauções tiverem sido tomadas (e nunca é demais lembrar: camisinha sempre!) e a companhia estiver agradável, simplesmente relaxe e aproveite.

10
COMUNICANDO-SE

Não é porque você viaja desacompanhada que não se comunica, certo? Muito pelo contrário. Como eu disse antes, quando viajamos sozinhas, geralmente estamos mais abertas a interagir com outras pessoas, sem contar que todo mundo deixa sempre alguém querido em casa – família, namorado, marido, amigos ou até o chefe (sei lá, vai saber!) – e quer mandar notícias *durante* a *trip*. E a gente também precisa investir forte na comunicação *antes* da viagem, para garantir que está escolhendo um destino legal, que está tudo certo com o hotel e com as passagens, que já checou os horários de funcionamento dos museus e restaurantes que quer visitar etc. E até *depois* da viagem a comunicação continua sendo fundamental, para reforçar os laços com as pessoas que conhecemos pelo caminho e, claro, para trocar ideias com outras viajantes e continuar planejando as muitas viagens (solo ou não) que virão pela frente.

PARA SE COMUNICAR COM QUEM FICOU

A gente sabe que fazer ou receber chamadas no nosso celular fora de casa sai caro, onde quer que seja. Se o *roaming* no Brasil, fora de seu DDD, já sai uma fortuna, imagine como fica cara a brincadeira quando se viaja para o exterior.

Se fizer questão de usar o celular em viagens no Brasil, o melhor é fazer poucas ligações, curtinhas, e se valer mais das mensagens (SMS, torpedo etc.), que são sempre baratas. Para usar o celular no exterior, compre logo ao chegar ao destino um *chip* pré-pago – eles são baratinhos (média de dez dólares, dez euros ou o equivalente em outras moedas) e normalmente já vêm com crédito. Além disso, existem várias operadoras no exterior voltadas para estrangeiros, e com elas dá para ligar para o Brasil pagando cerca de quinze centavos de real por minuto, uma pechincha.

Se não for usar o celular, restam os cartões pré-pagos para ligar de orelhões, tanto no Brasil quanto no exterior, e os locutórios (*phone cabins*), aquelas lojinhas cheias de cabines telefônicas em que você faz ligações pagando um preço fixo por minuto, dependendo do destino e do tipo de telefone chamado (fixo ou celular).

Mas o melhor mesmo é se comunicar pela internet, por meio das ferramentas de troca de mensagens *online*, como Google Talk, Yahoo Messenger, MSN, Skype etc. Todos são gratuitos e podem ser facilmente acessados de *notebooks*, *netbooks* e *smartphones*, em qualquer lugar com conexão à internet – mesmo que seu plano de celular não permita a utilização de internet, se seu aparelho possuir *wi-fi*, você pode usar redes grátis comuns em restaurantes, bares e até praças públicas em vários destinos. Com os dois últimos, MSN e Skype, além da troca de mensagens em estilo *chat*, é possível realizar gratuitamente chamadas de som e vídeo entre os usuários – ou seja, você pode, por exemplo, estar numa praça com *wi-fi* em Paris e bater um superpapo, ao vivo e em cores, com sua amiga que está no trabalho no Brasil, sem pagar nadinha por isso. Uma mão na roda para matar a saudade, dar notícias aos entes queridos e compartilhar algumas das coisas legais que você viu e fez no passeio.

AS REDES SOCIAIS

A francesa Diane Hua viajou tanto sozinha pelo mundo que resolveu criar uma agência de viagens especializada em mulheres que viajam a sós por aí – a Madame Voyage. A secretaria de turismo de Barcelona criou o Ciutadanes: Ruta de les Dones de Barcelona, uma dupla de itinerários inspirada no livro homônimo da pesquisadora Isabel-Clara Simó, que apresenta as mulheres que fizeram história na cidade. O maior público que aposta no itinerário é feminino. O número de *blogs* de viagens para mulheres, escritos por mulheres, não para de aumentar no Brasil, nos Estados Unidos e na Europa. Há até companhia aérea que mantém um dos banheiros do avião exclusivo para mulheres. Tem rede hoteleira que reserva para nós um andar todinho de todas as suas unidades. E tem até hotel exclusivo para mulheres.

O que eu quero dizer com isso é que, de várias maneiras, o turismo e as mulheres estão cada vez mais envolvidos; e cada vez mais as mulheres viajam, com ou sem companhia. E nada como ouvir e ler relatos de outras mulheres que já deram o primeiro passo nessa jornada para se sentir mais confiante – afinal, por melhor que seja o relato de um viajante do sexo masculino, ele jamais lembrará, por exemplo, que você deve sempre carregar absorventes na bagagem, certo?

Então não se faça de rogada: leia muito, pesquise, pergunte, troque ideias. Mulheres viajando são todas meio mães, meio amigas, meio irmãs, mesmo que não se conheçam – nosso próprio instinto acaba nos orientando a ajudar umas às outras na estrada. É muito, muito fácil e comum você se pegar ajudando e pedindo ajuda para outras mulheres enquanto está viajando – é uma questão instintiva mesmo, como acabei de dizer. Você já está envolvida nesse ciclo antes mesmo de embarcar, ao ler este livro, não?

Minha sugestão é a seguinte: invista *mesmo* nisso, se valendo da maravilhosa ferramenta que é a internet. Existem *sites* com dicas maravilhosas, autoras atualizadíssimas e até mulheres procurando companhia feminina para encarar parte da viagem, ou simplesmente para tomar um café e bater papo em determinado destino. Eu mesma já tomei cafés, chás da tarde e até jantei com leitoras que, me acompanhando pelos meus *blogs* e pelo Twitter, ficavam sabendo que eu estaria na mesma cidade que elas em determinada época e sugeriam um encontrinho para trocarmos ideias. E eu adorei todas as ocasiões! É muito bacana poder encontrar ao vivo e em cores, em diferentes lugares do Brasil e do mundo, gente que você só conhecia virtualmente. Aliás, tem até rede social investindo nesse lance de companhia efêmera, só para trocar ideias, como a Boarding.fr, que promove encontros de viajantes em aeroportos pelo mundo todo – ao colocar no *site* em que aeroporto você se encontra, o sistema lista outros usuários que também estão naquele aeroporto no mesmo instante, e você pode entrar em contato com um ou mais deles se quiser alguém para bater papo enquanto espera seu voo ou conexão.

Nas redes sociais, blogueiros contam suas histórias e trazem todos os dias novidades superinteressantes, hotéis e companhias aéreas anunciam ofertas e promoções exclusivas, órgãos oficiais de turismo divulgam informações preciosas para quem visita certo destino etc. Twitter, Facebook, Foursquare, são muitas as redes legais que podem ajudar e simplificar a vida de quem viaja.

Por falar em redes sociais, o Twitter é uma rede excelente para viajantes (se você ainda não tem uma conta por lá, corra e se cadastre!) – grandes blogueiras e viajantes estão ali, com dicas fresquinhas todos os dias e a apenas uma DM (*direct message*, ou mensagem direta) de distância para trocar ideias, tirar dúvidas, dar conselhos... Tem muita, mas muita gente bacana especializada em *solo travelling* para mulheres, como @solotraveler, @nomadicchick, @girlsgetaway, @journeywoman e muitas outras – além desta @maricampos que vos escreve :-D. E, claro, você não precisa discriminar os perfis de viajandões masculinos, não! Há ótimos perfis de meninos que viajam e cujas dicas ajudam qualquer viajante. As dicas do Twitter são fresquinhas, com *links* para *posts* nos *blogs* das autoras-viajantes ou com experiências ao vivo em viagens pelos mais diferentes destinos do planeta.

Você também pode assinar o RSS dos *blogs* (um sistema que avisa por *e-mail* toda vez que houver novidade no *blog*) dessa galera e de outros *blogs* que elas indicam, para ficar por dentro de todas as novidades que postarem, de notícias a experiências interessantíssimas narradas em primeira pessoa. Tenho certeza de que você vai encontrar a sua praia. E logo, logo vai se ver trocando *e-mails* e batendo papo – virtual ou fisicamente – com várias delas.

O universo dos *blogs* é cada vez mais intrínseco à vida real – tenho vários amigos que conheci inicialmente por meio de um ou outro *blog* e que passaram a figurar na minha agenda de festas, almoços, encontros em barzinhos e, claro, outras viagens. E assim acontece também com diversas outras pessoas todos os dias. São pessoas que se aproximam justamente por ter interesses comuns, como as muitas que conhecemos em nossas viagens – a recepcionista do hotel, que deu dicas superbacanas de onde ir, ou o vizinho do apartamento alugado, que deu uma mão quando a fechadura emperrou, ou a menina francesa que lhe contou a vida inteira naquela viagem de trem, ou a italiana que virou uma ótima companhia para sair para dançar. Gente que sem querer entra para a nossa história e acaba tornando nossa viagem melhor, você vai ver.

E, falando em *blog*, aproveite também para criar o seu e abastecê-lo enquanto estiver desfrutando de sua viagem sozinha por aí – além de funcionar como um diário para guardar sensações, fotos, dados e experiências, aposto que seus amigos vão curtir acompanhar o dia a dia de sua viagem (e, de quebra, você pode ajudar outras viajantes independentes com as dicas e histórias que contar ali!).

11
DESFAZENDO MITOS

Eu tinha 18 anos e aquela ânsia, tão típica da juventude, de viajar pelo mundo. Em meu vigor, nenhuma esquina poderia passar despercebida a meus passos. Mas, ironia da vida, eu era estudante universitária, ou seja, sem grana alguma para qualquer aventura maior. Então tinha de me virar e viajar do jeito que dava.

E era isso que eu fazia. Munida de poucos reais no bolso e de uma enorme gana de ouvir perspectivas diversas de desconhecidos, eu ia sozinha no sábado de manhã para a rodoviária da cidade e dava uma olhada para onde iria o próximo ônibus, para uma das muitas cidades vizinhas ali no interior de Minas Gerais. Calculava quanto custaria ida e volta e se sobrariam pelo menos uns dez reais para um café com pão de queijo e um PF, que me sustentariam pelo tempo necessário no sábado e, algumas vezes, no domingo também.

Às vezes, o dinheiro dava para ir a Ouro Preto – e eu curtia o fim de semana pelos bailes da vida nas ladeiras de um passado.

Mas, na maioria das vezes, mal dava para ir além de algumas dezenas de quilômetros de onde eu estava, e eu me deparava com as ruas de paralelepípedos de um vilarejo qualquer, com casinhas simples e gente hospitaleira. Parava então para conversar com senhoras saídas da música de Garoto: sentadas na frente de suas "casas simples, com cadeiras na calçada, e na fachada escrito em cima que é um lar". Muitas vezes era convidada para almoçar uma vaca atolada ou um tutu cujo cheiro ainda emanava da cozinha.

As pessoas perguntavam o que eu fazia ali sozinha, naquele "fim de mundo", e eu simplesmente dizia que queria conhecer a cidade. Ninguém questionava ou desconfiava de minha ânsia interna, apenas aceitavam a forasteira-por-um-dia. E corações recíprocos eram abertos na mesma velocidade com que risadas brotavam das conversas sobre o cotidiano pacato. E depois do "até breve" dito com nó na garganta àqueles desconhecidos e efêmeros amigos, eu vagava pelas praças e esquinas daquelas cidades esquecidas das Minas Gerais, fragmentos de um Brasil que se revelava, cultura e tradição, a cada badalar do sino da igreja matriz.

Aos poucos eu ia, à minha maneira, orçamento e paciência, atingindo meu mais profundo objetivo pessoal: conhecer o mundo e sua humanidade. *One little village and one smile at a time.*

— Lucia,
bióloga e viajante, 36 anos

Quando decidimos viajar desacompanhadas, a logística da preparação é exatamente a mesma: guardar dinheiro, pesquisar opções, fazer reservas, conferir detalhes de visto e vacinas, aprender palavras e frases básicas da língua local para ser educada etc. E também é preciso se preparar para ficar sozinha, claro, independentemente de ser tímida ou extrovertida – por mais que se conheça gente interessante e se faça amigos na viagem, é com a nossa própria companhia que passamos a maior parte do tempo. Então, desfazendo mitos, lembre-se de que:

- **Falar com estranhos é legal sim.** Se você viaja sem companhia, não pode esperar que alguém vá ao balcão perguntar quanto custa o doce que você quer, ou vá até o guarda pedir informação sobre onde fica determinado museu. Tudo isso ficará a seu cargo. Conversar com gente na fila da padaria, no ponto de ônibus, no café, na praça, tudo isso pode – e deve – ser muito bom para a sua viagem. Nesse caso, não fique achando que todo lobo é mau. Dessas conversinhas descompromissadas surgem interessantes pontos de vista culturais, informações bacanas sobre lugares descolados para frequentar e até amizades, mesmo que de curto prazo.
- **Estar sozinha também é bom.** Não fique pensando na palavra "solidão". Como citei antes, estar sozinha é muito, mas *muito* diferente de ser sozinha. E estar desacompanhada de vez em quando, viajando ou não, é bom para todo mundo. Fazer amigos e bater papo com estranhos é prática corriqueira ao viajarmos, mas encontrar-se em períodos do dia em silêncio, sem ninguém, também é supersatisfatório para o nosso autoconhecimento. Até desligar o iPod ou o MP4 é legal – ouça os sons, as falas, os sotaques e conversas alheias

de um ambiente legal enquanto pensa em sua própria vida. Com o tempo, a sensação é cada vez mais reconfortante.

- **Arriscar-se em espaços compartilhados de vez em quando pode ser positivo.** Ainda que essa normalmente não seja a sua praia em viagens – como não é a minha –, de vez em quando podemos ter surpresas agradáveis ao encarar um albergue ou hostal por aí. Mesmo que você faça questão (como eu) de um quarto só seu, a proximidade das pessoas é muito maior nesses locais do que em um grande hotel, e não é raro você se flagrar já na primeira noite dividindo uma cerveja com alguém no *lobby* enquanto decide onde jantar ou espera para usar o computador local. E, se a companhia não for tão legal, volte para o seu quarto ou seus afazeres sozinha, numa boa. Entrar em *tours* pela cidade também é sempre interessante.

12
CONSELHOS RÁPIDOS

De repente meu ninho ficou vazio e meu marido sugeriu que eu aproveitasse esse momento para fazer alguma coisa de que gostasse muito. Meus três filhos cresceram, se tornaram independentes, e eu fiquei sem saber o que fazer. Sempre, desde pequena, adorava viajar. Então fiz uma listinha de lugares que eu gostaria de conhecer. Meu marido não poderia me acompanhar na maioria das viagens sonhadas por mim, mas mesmo assim me incentivou a embarcar nessa ideia. Gênio e generoso!

Comecei por Paris, dez dias, e voltei. Logo estava programando outra e outra. Descobri que sou uma ótima companhia para mim mesma e que posso, sim, sentir prazer em fazer aquilo que gosto sem depender de ninguém. Nem pensei em entrar em uma excursão ou convidar uma amiga. É uma delícia fazer a programação dos seus dias sem ter que levar em conta a vontade de ninguém, apenas a sua. São dez dias por ano! Psiquiatra, análise, que nada...

Fui gastar meu tempo e dinheiro conhecendo o mundo. Claro que em algumas viagens meu marido me acompanha, e é uma delícia também...

– Maria Luiza,
58 anos, 36 de casada, três filhos e um neto,
viaja sozinha desde 2003

Muita coisa já foi dita nos capítulos anteriores para ajudá-la a encarar sem medo e com muito prazer a deliciosa jornada de uma viagem sozinha. Mas eis alguns conselhinhos rápidos para levar em consideração ao viajar desacompanhada – detalhes simples que podem fazer a maior diferença em sua tranquilidade durante a viagem:

- **Segurança:** ter um mapa em mãos e conhecer os costumes locais é tão importante quanto escolher um hotel bem localizado. Leia sempre avaliações do hotel ou albergue onde pretende ficar em *sites* especializados, como o Trip Advisor <www.tripadvisor.com.br>, para saber exatamente o que a espera. E se, ao chegar lá, seu hotel ou albergue não parecer tão seguro, peça no check-in um quarto perto do elevador ou das escadas, para se sentir mais tranquila e ter rota de fuga rápida caso necessário. Ao sair do hotel, nunca deixe as chaves do quarto sobre o balcão; coloque-as diretamente nas mãos do recepcionista e espere até que ele as guarde (se for permitido pelo hotel, leve as chaves sempre com você).

Pelos mesmos motivos, evite longas esperas em estações e aeroportos (nem pensar em dormir no aeroporto para economizar uma diária de hotel, certo?), evite trens noturnos e, mesmo à luz do dia, procure cabines ou vagões mais movimentados e iluminados.

- **Timing:** evite chegar e sair de seu destino à noite. Quando você chega a um lugar pela primeira vez, ainda não conhece as redondezas e os macetes para se deslocar ali. Se você chegar ao hotel à luz do dia, terá mais noção dos arredores e contará com estações de trem/ônibus/metrô muito mais movimentadas.
- **Atenção redobrada:** cuide sempre muito bem de seus pertences, sobretudo dinheiro e documentos. Se não houver cofre no quarto do hotel, carregue seu dinheiro e passaporte com você o tempo todo, usando aquelas bolsas especiais que vão dentro da roupa, projetadas especialmente para isso (porta-dólar ou *money belt*). Deixe na bolsa ou mochila somente o dinheiro necessário para gastar durante um dia com comida, transporte e atrações. Também costumo deixar minha mala sempre com cadeado, seja qual for o hotel em que estou hospedada, assim como envio para o meu próprio *e-mail*, antes da viagem, cópias digitalizadas dos meus documentos e dados dos meus cartões de crédito. Assim, se – toc, toc, toc – eu for roubada ou perder meus documentos, fica muito mais fácil cancelar cartões e ir atrás da segunda via de documentos nos órgãos oficiais.
- **Feeling:** vestir-se adequadamente para o local que visita não significa apenas usar roupas apropriadas para aquela

estação do ano, mas se vestir de maneira semelhante às mulheres que vivem por ali. A ideia é se mesclar, passar da maneira mais despercebida possível no meio delas. A gente não tira sarro dos gringos que andam nas areias de Copacabana de bermuda branca, chapéu-panamá e camisa florida, no mais puro estilo Havaí? Não caia na tentação dos estereótipos – acredite, quanto mais você achar que está "se misturando" ao usar lenços e mais lenços em um país árabe, por exemplo, mais esquisita vai parecer. Assim como, se você vai para um lugar onde todo mundo cobre o corpo ao se vestir e sai desfilando sua minissaia favorita, não há como não chamar atenção – isso sem falar na falta de respeito com a cultura local. Tenha sempre isso em mente e use o bom-senso, *please*.

- **Faça papel de boba às vezes:** a melhor maneira de evitar assédio indesejado é ignorá-lo. Como em toda forma de comunicação, seja sempre educada (ao menos a princípio) e procure adquirir conhecimentos básicos da língua local antes de embarcar (nem que seja saber dizer apenas "Bom dia", "Por favor", "Obrigada" e "Socorro"). Se a educação não funcionar, finja total ignorância e apatia até despertar o semancol do indivíduo. Ter à mão livros, revistas ou mesmo um iPod ajuda.

- **Artigos de uso pessoal:** carregue sempre lenços de papel com você. Eles podem ter mil e uma utilidades, inclusive servir de papel higiênico nos muitos banheiros com os quais, infelizmente, nos deparamos com sua ausência por aí. Viajar também com um pacote de absorventes pode parecer bobagem, mas é um hábito que já salvou a pátria de muita viajante (mudanças de fuso horário e a própria ansiedade da viagem podem alterar seu ciclo menstrual). A farmacinha básica (com antisséptico, aspirina, anticoncepcional, vitamina C, antitérmico e qualquer outro medicamento com o qual esteja acostumada) também deve ser parte essencial de qualquer bagagem feminina. Assim como preservativos.

- **Precaução:** mantenha, pela sua própria segurança e pela tranquilidade de todos que a querem bem, ao menos alguém de sua família ciente de seu itinerário, dos dados de seu voo, de sua programação de hospedagem. E não revele muitas informações pessoais para desconhecidos que eventualmente cruzarem seu caminho ao longo da viagem.

- **Conhecimento:** conhecimento é tudo nessa vida, alguém já disse por aí. Claro que você não quer prejudicar sua viagem planejando demais, ou com excesso de informações, a ponto de perder a espontaneidade do passeio. Mas é *imprescindível* se informar – e muito bem – sobre um destino antes de visitá-lo pela primeira vez. E, ainda que você esteja retornando para um lugar que já conhece, não custa checar se alguma coisa mudou por lá. A internet está aí, disponível, prontinha para ser utilizada. Visite constantemente seus *blogs* prediletos, pegue informações com amigos, troque *e-mails* com outros viajantes – e chegue sempre sabendo mais ou menos o que espera você por lá. Nesse caso, menos nunca é mais.

13
BÔNUS: O QUE FAZER SE...

...PERDER O VOO?

Seja qual for a razão, vá para o aeroporto de qualquer maneira e, gentilmente, peça para ser colocada no próximo voo. Explique por que perdeu o voo e tente mostrar que não foi culpa sua – engarrafamento, queda de energia, atraso do voo de conexão etc. – da maneira mais simpática possível. E prepare-se para pagar uma taxa pela remarcação, principalmente se a culpa pela perda for mesmo sua. Se não tiver jeito, tente ainda argumentar que você participa do programa de milhagem da companhia, que é passageiro frequente etc.

E em caso de desastre natural?

Esses pepinos acontecem mesmo – você se lembra da erupção do vulcão islandês em 2010, quanto caos aéreo e hoteleiro houve? Ou do terremoto no Chile, no começo do mesmo ano? Esse tipo de emergência pode acontecer a qualquer hora, em qualquer lugar, por isso é sempre importante deixar seus planos de viagem por escrito com alguém (família ou amigos) e contratar um bom seguro-viagem, para ter assistência em qualquer circunstância. Nesse caso, as companhias aéreas devem trocar a passagem sem custo adicional, e os hotéis costumam ser mais complacentes também.

...PERDEREM MINHA BAGAGEM?

Antes de mais nada, vá ao balcão da companhia aérea, registre a perda (nessa hora, é importantíssimo mostrar o comprovante de bagagem despachada que lhe entregaram no ato do check-in) e preencha a documentação necessária. Infelizmente, é muito comum bagagens serem extraviadas, e há um prazo legal para que sejam encontradas e entregues no domicílio ou hotel do requerente – assim como a companhia aérea tem que pagar gastos emergenciais que você tiver ao chegar a seu destino sem suas coisas. Em geral, os casos são solucionados em poucos dias. Para períodos maiores, cabe entrar com um processo na Justiça. Ter seguro-viagem também é importantíssimo nessa hora, pois ele ajuda a localizar a bagagem extraviada e paga um valor fixo pré-contratado (em geral quinhentos dólares) no caso de a bagagem desaparecer para sempre – o que, infelizmente, ainda acontece com cerca de 2% das bagagens extraviadas no mundo. Por isso, lembre-se de nunca despachar nada de valor – objetos importantes/valiosos devem sempre, sempre, sempre ir na mala de mão.

E se a bagagem for roubada?

Nesse caso a situação é mais feia, e você, provavelmente, jamais recuperará suas coisas (exceto nos casos em que, inocentemente, as pessoas levam malas muito parecidas com as suas por engano para casa). Por isso, é necessário reclamar da mesma forma e imediatamente – no balcão da companhia aérea, na seção de achados e perdidos e no guichê da polícia local. O seguro-viagem continua sendo importantíssimo nesses casos.

...FOR VÍTIMA DE FRAUDE?

É raro, mas vai que – toc, toc, toc – você compra um pacote ou um passeio e, ao chegar ao destino, descobre que a operadora simplesmente faliu, sumiu do mercado? Se você tiver efetuado o pagamento com cartão de crédito, as chances de recuperar o dinheiro são maiores, pois você pode solicitar o estorno da despesa – o que costuma funcionar. Em último caso, resta a opção de entrar na Justiça contra a empresa. E ter seguro-viagem com proteção contra esses casos também é valiosíssimo.

...FOR ASSALTADA OU ROUBAREM MEU PASSAPORTE?

Em qualquer circunstância, vá antes de tudo à polícia. Fazer um boletim de ocorrência é meio caminho andado para resolver ou minimizar eventuais prejuízos que você possa ter pelo ocorrido. Depois, você deve ligar para a operadora de seu cartão de crédito solicitando o cancelamento dos cartões e a emissão de cartões emergenciais, bloquear os saques de sua conta-corrente, bloquear seu celular etc. Mas, se seu passaporte também for roubado, você deve, depois de ir à polícia, dirigir-se ao consulado ou embaixada brasileiros para tentar emitir um novo documento. Andar com uma fotocópia do passaporte ou ter uma cópia escaneada no seu *e-mail* facilita, e muito, nessas horas.

...BATER O CARRO ALUGADO?

Assim como ao bater um carro no Brasil, é sempre mais seguro fazer um boletim de ocorrência na polícia local para evitar futuros problemas (guarde uma cópia com você). Contratar um seguro na hora do aluguel também é fundamental, do contrário o cartão de crédito usado na locação será utilizado para pagar o valor dos reparos no veículo.

...ROLAR UM PROBLEMA DE SAÚDE NO MEIO DA VIAGEM?

Mais uma vez, repito: é fundamental viajar sempre com seguro-viagem. Lembre-se de que grande parte dos cartões de crédito oferece esse benefício gratuitamente; caso contrário, é preciso adquirir um seguro *online* ou na sua agência de viagens. Ao comprar o seguro, cheque com atenção a apólice para ver como ele funciona e em que circunstâncias você estará coberta – a franquia de gastos muda *muito* de uma seguradora ou plano para outro; há seguros que trabalham com pagamento e reembolso e outros com atendimento direto; alguns ainda têm convênios com hospitais e consultórios específicos etc. Se tiver que efetuar qualquer pagamento, guarde *sempre* o recibo com você, para exigir a devolução no futuro.

E se tiver infecção alimentar num cruzeiro?

O seguro-saúde tem a mesma importância em um navio – aliás, é mais importante ainda, já que os médicos dos cruzeiros costumam cobrar verdadeiros absurdos pelo atendimento em alto-mar. Hoje em dia, várias empresas vendem seguros específicos para cruzeiros. As companhias de cruzeiros em geral não são obrigadas a compensar os passageiros em caso de doenças isoladas ou em pequenos grupos; vale o bom-senso na hora do diálogo ou, se necessário, procurar um advogado. E, se o cruzeiro for interrompido ou atrasar por causa de infecção em vários hóspedes, a companhia deve oferecer aos passageiros reembolso do valor da viagem ou a possibilidade de alteração da data do passeio.

14
RECAPITULANDO

Em teoria, viajar sozinha pode parecer assustador para algumas mulheres. Na verdade, enfrentar a estrada (ou o aeroporto, o porto, o que seja) única e exclusivamente em sua própria companhia pela primeira vez costuma ser isso mesmo para a maioria – afinal, deixar nossa zona de conforto (casa, trabalho, família, amigos) para sair por aí pela primeira vez não é mesmo simples. Mas isso é só no começo. E cada vez mais as pessoas que experimentam têm repetido a experiência, seja porque gostam de sua própria companhia, porque precisam dar um tempo em tudo, porque querem umas férias conjugais, porque não têm uma companhia legal com quem dividir aquela viagem, sejam mães que querem um descanso de cuidar dos filhos etc. etc. etc.

Verdade seja dita: todo mundo sente um friozinho na barriga quando viaja sozinho, seja homem ou mulher, por mais acostumado que esteja. Eu ainda sinto. Mas esse nervosismo disfarçado é muito, muito diferente de sentir medo. Eu não sinto mais medo de ficar sozinha, porque sempre conheço gente muito interessante nas viagens e sou conversadeira por natureza. Eu não tenho medo de que algo grave me aconteça, de ser roubada ou de ficar doente – tirando o medo de avião, que esse não tem mesmo jeito, *shame on me*. Mas checo meus documentos e reservas trocentas vezes, da porta de casa até chegar ao hotel, como numa espécie de transtorno obsessivo-compulsivo – e me dá aquele friozinho louco na barriga cada vez que eu demoro um pouco para encontrar os ditos-cujos na bolsa.

Mas eu contorno isso fácil, fácil, planejando meu tempo muito bem: gosto de chegar ao aeroporto bem cedo (até porque eu amo aeroportos, apesar de odiar aviões, vai entender...) e faço todos os deslocamentos assim, com muita folga entre conexões, embarques, desembarques e tal – desse modo, tenho a segurança de que, caso eu perca ou esqueça alguma coisa, vai dar tempo de contornar a situação. E sempre deixo tempo de sobra para poder lidar com imprevistos, coisas inesperadas ou a velha e boa *serendipity* – um termo que não tem tradução exata para o português, mas que se refere àquelas surpresas providenciais que acontecem quando menos esperamos. Mas o friozinho na barriga ainda me acomete – não, não é privilégio seu.

Acho engraçado que, quando a gente decide que vai viajar sozinha para determinado lugar, muitos amigos dizem: "Uau, mas que loucura", ou pior: "Nossa, mas você é corajosa, hein?" No fundo, trata-se de algo tão simples: decidir sair em uma aventura, mas escolher sua própria companhia para isso. Claro que há prós e contras, estamos carecas de saber, mas ainda acho a liberdade de decisões, os imprevistos e a velha e boa *serendipity* muito mais tentadores que os receios do tipo: "Quem vai olhar minhas coisas no aeroporto?", "E se for meio deserto nos arredores do hotel?", "E se eu me sentir sozinha?" Até porque sempre faço tantos "amigos temporários" durante as viagens que isso nem me passa mais pela cabeça. E a gente tem sempre que aprender a dizer não de vez em quando, até por questões de segurança.

Para finalizar toda essa conversa, depois de mais de 25 viagens solo de todo tipo, só tenho uma coisa a dizer: Vá. Viaje sozinha. Saia com você mesma pelo mundo, com a cara, a coragem e uma bela dose de planejamento. Esse é um dos melhores presentes que você pode dar a si mesma. Simples assim.

VIAJANDO SOZINHA NA INTERNET

Mantenho dois *blogs* em que conto minhas experiências pessoais viajando sozinha mundo afora e divido dicas atualizadas conforme minhas vivências na estrada vão acontecendo:

www.pelo-mundo.com
www.viajeaqui.abril.com.br/blog/saia-pelo-mundo

A internet é, como já mencionei, uma excelente ferramenta para trocar informações com outras *solo travelers*, colher dicas e, claro, reservar suas próximas férias por aí. Valem uma olhada:

- Bons *sites* focados em *solo travelers* do sexo feminino:
  www.women-on-the-road.com
  www.wanderlustandlipstick.com
  www.journeywoman.com
  www.solofemaletraveler.com

- Alguns *sites* voltados especificamente para *solo travelers* "maduras":

www.boomeropia.com

www.ageing-hipsters-travel.com

www.myitchytravelfeet.com

www.mytravelcompanions.com

- Agências *online* focadas em mulheres que viajam sozinhas:

    www.adventuresingoodcompany.com

    www.adventurouswench.com

    www.wildwomenexp.com

    www.wanderwoman.com

    www.madamevoyage.com

    www.solosholidays.co.uk

    www.singlestravelintl.com

- Para encontrar moradores(as) locais nos destinos para os quais você viajar:

    www.womenwelcomewomen.org.uk

    www.couchsurfing.com

    www.cstn.org

MULHERES VIAJANTES*

Mulher que viaja sofre, mas não se intimida. Com espírito aventureiro, por mais patricinha que seja no dia a dia, acha que o que vale, no fim, é a jornada. Abre mão do secador, da chapinha ou daquele salto in-crí-vel em nome da boa viagem. Ou, se não abre, assume a mala pesada e não faz (muita) cara feia na hora de carregar (embora ame a ajuda de pontuais cavalheiros).

Adora uma viagem romântica, mesmo que seja para uma cidadezinha do Circuito das Águas com mais idosos e crianças que qualquer outra coisa. Mas consegue achar a mesma graça na própria companhia se tiver que – ou quiser – viajar sozinha.

Aguenta brincadeiras de mau gosto por ser brasileira, cantadas chulas, olhares que desnudam, mas até que acha bom ouvir umas besteiras dessas para levantar o astral lá pelo vigésimo dia de depilação vencida. E adora a bobagem de oferecerem camelos por ela em países árabes, mesmo que saiba que é mentira para agradar turista.

Enfrenta um dormitório lotado ou um quarto deliciosamente lindo só para ela com praticamente o mesmo bom humor – desde que o banheiro seja limpo e cheirosinho, claro.

---

* Texto originalmente publicado no *blog* Saia pelo Mundo, do portal Viaje Aqui, da Editora Abril.

Visita museus, monumentos, prédios históricos, mostras, galerias... E ainda arruma um tempinho precioso para as compras – além de saber pechinchar como ninguém. Sabe fazer viagens econômicas, mas encara cada *upgrade* como investimento e não gasto.

Ainda não entende (e inveja positivamente) como algumas pessoas viajam com malas minúsculas quando só seu *nécessaire* já é imenso, capaz de ajudá-la, quiçá, a sobreviver durante dias perdida na selva.

Dá chilique, grita e chora quando alguma coisa dá errado, mas, depois de extravasar, resolve as crises rapidinho (inteligência emocional feminina tem que servir para alguma coisa, não é?).

Assume que se perde mais vezes do que gostaria, mas não tem a menor vergonha de parar quantas vezes for necessário para pedir informações até sair da sinuca de bico.

Adora conversar e fazer novas amizades ao longo da viagem, mas, na hora que o vizinho de poltrona do avião resolve contar a ladainha da sua vida, lembra que não é tão sociável assim – e vê prazer em pequenos momentos de solidão voluntária.

Acha o consumismo exagerado absurdo, mas não consegue voltar de nenhum destino sem pelo menos um *souvenir*, por mais inútil que seja.

Vende o carro para conseguir bancar o sonho de ir para Paris – de novo. Vai para o meio da selva ou do deserto e entra totalmente no clima, mas não abre mão do batonzinho. Curte os dias na areia *full time*, mesmo quando não tem coragem de tirar a canga. Sorri mesmo com aquela menstruação inesperada justo no primeiro dia de praia. Tem medo, e muito, antes de embarcar, mas quando volta nem lembra por que diabos refletiu tanto antes de partir...